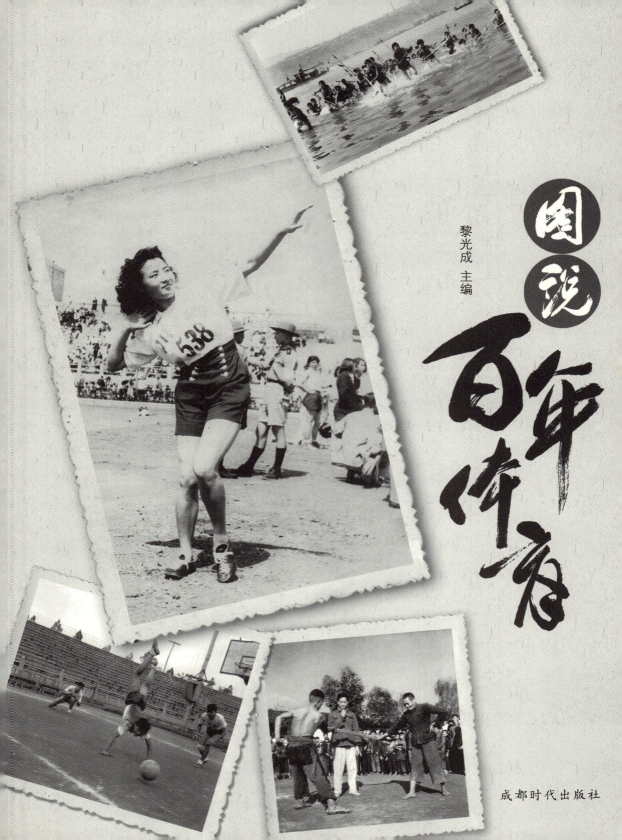

图说

百年体育

黎光成 主编

成都时代出版社

名誉顾问：朱 玲
顾　　问：宋敏雯
主　　编：黎光成
执行主编：蒲秀政　何大江　雷位卫

策　　划：竹简文化
执行策划：谷沁雨　董春丽　龙飞燕
封面题字：光 成
供图撰文（以姓氏笔画为序）：
　　　　　王大明　王文嵩　王 华　冯至诚　吕 齐　纪廷孝
　　　　　陈乃霖　陈志强　李元春　李玉松　李复元　李 彬
　　　　　李素芳　李维毅　吴文珍　吴国潮　邱玉华　杨永琼
　　　　　张 旭　张新亮　何建军　肖路加　肖瑞君　郑光路
　　　　　罗 铮　胡秉阳　胡国荣　莲 子　翁邦森　秦华祥
　　　　　高志和　悯 忠　殷明辉　曹第万　韩国庆　彭 雄
　　　　　藤桂馨
内文统筹：谷沁雨

支持机构：四川省体育局
　　　　　成都中联国兴书画院
　　　　　成都棠湖屋业发展有限公司
　　　　　成都万博置业有限公司
运营机构：成都竹简文化策划有限公司
　　　　　成都民俗文化研究中心

2008年，大悲和大喜定格成一段凝重的历史。

当人们还沉浸在5·12汶川特大地震带来的悲恸之中，当全国万众一心帮助灾区重建家园的时候，2008北京奥运会也正向我们走来。这是中华民族期盼了百年的体育盛会。一百年时间，在人类历史上，不算太长，也不算太短，可是这一百年，却记录着这个伟大民族从被人称作"东亚病夫"到傲立于世界民族之林的艰难历程。2008年，在悲欣交集的目光里，北京奥运会的标志"中国印"，是那样庄严和圣洁，我们仿佛看见在它的背后，无数鲜活身影的跃动，无数激越的声音在交响。而能定格这些身影的，正是读者手里的这本《图说百年体育》。在四川、在成都，在经历了地震劫难后依然美丽、自信的这块热土上，这本书的面世，更具有非同寻常的意义。

《图说百年体育》是对中国百年体育历程的浓缩和描摹，数百张珍贵的体育老照片，连同它们背后泛黄的记忆，展现在读者面前。自古以来，中国就是一个注重体育锻炼的国度。古代的导引术，华佗的"五禽戏"，历史悠久的武术、骑射、蹴鞠、马球、围棋、象棋……曾经伴随着强汉盛唐，见证了一个伟大民族的强健和自豪。然而，从清末开始，中国人却在国家积贫积弱的境地下被扣上了"病夫"的帽子，一大批有志之士都在寻觅自强的救药，"文明其精神，野蛮其体魄"的倡导，发出时代的呐喊。正像1933年出版的《体育丛书》序言中所说，"吾国体育改进，拟有治标治本二法"，"治本即自中小学起施行强迫体育教育，养成青年体育之爱好；治标即常与本国队或外国队作长时间多次数之比赛，藉增经验，而免怯阵，二者并进……将来自不无成效可言"。清末民初，西风东渐，外国传教士在重庆教体操的照片，中学足球队打败英国水兵足球队的照片，民国时期举行的七届全运会和刘长春"一个人的奥运"部分精彩的镜头，在《图说百年体育》中也有呈现。新中国成立后，在"发展体育运动，增强人民体质""到大江大河去锻炼"等口号的鼓舞下，全国的体育事业突飞猛进，全民参与体育的热情高涨，那份红色热忱，一直伴随着中国走进体育强国之列。这些，成为了该书非常扯眼的亮丽看点。 俯仰百年，今天，北京成为全世界关注的焦点。"同一个世界，同一个梦想"，中华民族向全人类发出了邀请。北京奥运会是一个宏伟的目标，更是一个崭新的起点。13亿人张开热情的臂膀，欢迎全世界！

奥运精神的最集中体现，在于它的参与性，而体育的最终目的是全民体质的提高，因此，百年中国的体育历程，实际上是竞技体育和民间体育交相辉映的过程。《图说百年体育》最显著的特色在于，该书没有罗列大家熟知的竞技体育照片，而是重点选取了民间体育的角度：扭扁担、掰手劲、跳自行车、跳橡皮筋、打弹弓……记录着那个年代中国人对体育的草根热情。让我们知道，民间体育以最自然、最亲切、最经济、最实用的方式，不但增强了我们的体质，而且健康着我们的心灵。而最打动人的，是这些老照片带来的对过去生活那种淡淡的怀旧，怀旧中那种对消逝的青春岁月的隐隐感伤，以及对北京奥运的欣喜之情。

在新世纪，当虚拟世界成为我们生活的一部分的时候，当某些体育项目变成一种时尚和高档消费的时候，当现代生活愈来愈让我们远离锻炼的时候，翻开面前这本书，一张张老照片上，那些全民参与体育的时代，那些远去的活跃的背影，令人感慨，令人遐思。2008北京奥运会的举办，承载着多少华人的光荣与梦想，空前的喜悦和自豪之后，我们需要延续热情，需要全民参与体育的热潮再次勃兴。

《图说百年体育》让我们抚今追昔。迎接奥运，参与盛会，鼓荡热情，这本书都是值得永远珍藏的最好选择。

四川省体育局局长
四川省体育总会主席

二〇〇八年七月

目录

体育实物珍藏

睡狮初醒

　　1840年鸦片战争之后，中国逐渐沦为半殖民地半封建社会。国势衰微，军事上节节败退，大量鸦片的输入更令有识之士忧愤不已。1896年10月，上海一家英国人办的英文报纸《字林西报》上，有这样一句话："夫中国东方病夫也，其麻木不仁久矣。"（梁启超译）这就是"东亚病夫"这种辱称的来源，西方列强对国人的轻视于此可见一斑。

　　然而在民间，自强不息的民族精神却顽强地传承着。人们舞剑挥刀，弯弓跃马，尚武勇猛的传统因此而不致湮没。面对外国大力士的挑战，中国武林高手屡屡将其打倒于擂台之上，令国人士气大振。国家兴亡的使命激励着中国人的斗志，中国这头睡狮，终于开始醒来……

手持大宝剑、大关刀的清兵

这张照片上的清军兵士，手持大宝剑、大关刀，威风凛凛。然而，中国武术在近代遭遇新式武器的严重挑战，却是不争的事实。（供图/文 郑光路）

八国联军丑化中国人

这是一张西方列强丑化中国人的明信片，却能让中国人警醒。图中，西方列强戴的拳击手套，是钢铁和子弹做成，而中国人戴的却是布手套。国防力量的强弱决定一个国家在战争中的输赢。残酷的事实证明：冷兵器是敌不过枪炮的。这张明信片也间接反映出，具有冷兵器时代特色的中国武术，到近代已处于尴尬境地。（供图/文 郑光路）

弯弓射箭

弓箭是冷兵器时代最具威力的武器，也是武举考试的重要内容。四川首府成都，至今遗留下许多与射箭、制弓相关的痕迹，如提督街设有马道、箭道，是专供清军练习骑马射箭的场所。

到晚清引进洋枪炮，弓马骑射已失去往昔风采。这种情况下，清代四川唯一文状元骆成骧创"射德会"，其目的在于恢复和传承古人射礼，陶冶性情，使之不致湮灭。1925年"雕弓较射"这一天，鼓乐齐鸣中，长衫马褂的骆状元喜孜孜地先射出一箭，此谓"开靶"。以后每年"较射"，也先由邓锡侯等会长或往届高手"开靶"。

弓马骑射虽已失去现实功能，但它所代表的那种尚武勇猛的精神却传承了下来。图为清末军士弯弓较射。（供图/文 郑光路）

《幼学操身》

　　"戊戌变法"之前，一部分有识之士提倡新学，建立学校以代私塾。《幼学操身》一书，反映了当时教育改革之一斑。此书由湖南书局于光绪丁酉年间（1897年）刊刻，全书共32幅手绘白描健身操示意图，除徒手操外，还有哑铃、单杠等练习方法的详解。（供图/文　彭雄）

江湖卖艺

　　民国时期，武科举废除，镖局衰落，打仗靠洋枪，故武人除设棚授徒及去军队做教官外，别无谋生之路。很多武人只好卖艺乞食江湖，身体也颇受戕害。这两张珍贵的老照片上，一个江湖卖艺者在表演"手砍大石"，另一个在表演"口吞宝剑"，表情十分痛苦。

　　已故名中医杜自明，武艺高强，1927年在成都成立"精益体育会"，初时招学员七十余人，1928年后人数不断下降，教员吃饭都成大问题，不过三年即告结束。杜自明乃挂牌行医，开设骨伤科，成为全国著名老中医。曾有民间武术家感慨万端："当年我梦想'国术救国'，不但救不了国，全家人还弄得饿肚皮！"（供图/文 郑光路）

清末公园内的习武者

天府之国从古至今武风甚浓。练武俗称"操扁挂"，又叫"打打行"（"行"音"航"），在城镇乡坝、士农工商、三教九流中都不乏爱家。清朝时，四川各地就遍设武棚、箭道，专门聘请武艺超群者传授弓、刀、石、骑射。学武的可参加"武科"考试，逐级考取武童生、武秀才、武举人、武进士，直至武状元。图为清末公园内的习武者合影，照片中央是一个七旬以上的"祖师爷"。身边小爱徒，看来不过六七岁，其余的汉子手拿大刀、弓箭等，一个个雄姿赳赳。（供图/文 郑光路）

练剑的长胡子"高道"

　　中国武术另一特色，是有很大的神秘性。这种神秘性之一是和尚、道士中往往"剑仙侠客"人才辈出，这在武侠小说、影视中多有描述。图为清末四川一个长胡子"高道"在练剑。（供图/文　郑光路）

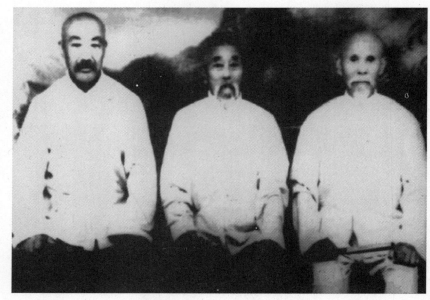

曾参加义和团的形意拳高手

图为武术界三个"祖师爷"级别的高手，中为形意拳高手马玉堂。

马玉堂（1873年～1959年），直隶定平县人。马玉堂先生出生于武术世家，自幼习武，人称"江湖小八侠"。他曾向"义和团"团教李存义先生学习形意拳，清光绪二十六年（1900年）曾参加"义和团"运动，攻打洋人教堂。

朱国福打败欧洲拳击冠军

朱国福（1891年～1968年），直隶定兴县大朱家庄人。自幼习武，十岁参加义和团，十四岁拜形意拳名家马玉堂先生为师学习形意门拳械。1923年，朱国福参加了在上海法租界举行的"第二届中外人士比武大会"，击败欧洲冠军职业拳击家裴益哈伯尔。霎时，擂台下观众掌声雷动，欢呼雀跃。次日，上海《申报》《新明报》都在显著位置发有新闻。

1930年，朱国福率国术馆知名的搏击家、摔跤家等赴日本考察武士道，其间与日本军内劈刺专家频频较量，均获全胜，日军为之震动。

（供图/文 翁邦森）

海灯法师练功照

　　海灯法师俗名范无病，原四川省江油县重华镇人。海灯法师20世纪80年代享誉海内外，但引起极大争议。客观地讲，海灯法师是一位非常优秀的民间武术家。下图为民国时期海灯法师在梓潼县七曲山大庙任住持时所摄"曲地龙"武功照，表现出了非常扎实的功力，图片为海灯法师一高徒提供。上图为海灯法师墨宝。（供图／文 郑光路 翁邦森）

梦中知梦

未离梦

丙寅 海燈

旗袍女张弓待发

　　清代四川状元骆成骧创办的射德会，从1925年后开展"定期较射"，是充满传统文化性、竞技性、趣味性的射箭比赛。赛手先较射蓝章，相当于三等奖章。每位射手须射5箭，其名为"生、老、病、死、苦"，3支中靶就可得奖章。中蓝章后方有资格参加银章较射。银章射10箭，6箭中靶可得奖。最后射金章，共射15箭，中12箭以上得奖。"较射"地点在少城公园（今人民公园）"辛亥秋保路死事纪念碑"旁边的箭道。选手来自川中各地，通常有百人以上。

　　射箭强身壮体很见效。据说绵阳有个姓杨的女子多年不孕，入会后竟结珠胎，令许多妇女也踊跃入会。入会者各族人士均有。至1937年后在川中已建分会30多处，成员数千人，影响甚大。（供图/文 郑光路）

文状元筹建射德会

骆成骧（1865年～1926年），字公辅，四川资中县舒家桥人。

骆成骧是清朝四川唯一文状元，1912年～1916年任四川高等学校（今四川大学前身）校长。令世人称奇的是，这位文状元居然酷好"讲武"。1925年，他得到四川军政要人赞助，在少城公园半边桥旁修建四川省武士馆，成立四川武士总会。武术界公推骆状元为正馆长，刘崇俊为副馆长。蜀中文魁成了武林领袖，一时传为佳话。这年，他又亲自筹建全川"射德会"，为第一任会长。（供图/文 郑光路）

邓锡侯多次任会长

1926年骆成骧去世，但射箭这一活动在四川日益活跃。1928年在成都少城公园（今人民公园）成立"四川射德总会"，四川军阀邓锡侯、刘文辉、田颂尧、刘湘、孙震等都先后任会长或副会长，早期入会者多为各界名流。

邓锡侯，字晋康，四川省营山县人，1924年5月任四川省省长，后为川军第28军军长。邓锡侯外号"水晶猴子"，是个射箭高手，多次任射德会会长和总裁。邓锡侯1949年12月9日起义，新中国成立后任四川省副省长、全国人大代表等。（供图/文 郑光路）

打擂比赛奖章

1918年，四川军政当局以"团结尚武"为号召，在成都青羊宫举行首次全省打擂。当时共设三组擂台，第一组擂主为督军的查马长李国超，副擂主为唐伯坤、唐公辅。第二组擂主为余发斋，其子余鼎三为副擂主。第三组擂主为马宝。每组主台三日。比赛结果，公认李国超武技高超。

自此以后，每年春季成都青羊宫"花会"时，都要举行一年一度的打擂赛。下面左图为一次打擂后，以川军24军军长刘文辉名义赠发的奖章（正反两面）；右图为 "民国十六年第一次柔术场奖章"，即以"成郫（县）新县联合武士会"名义举行打擂赛后颁发的奖章（正反两面）。当时国术不振，有些人就把日本习称的"柔术"代称武术，其时国力之积弱由此可见一斑。（供图/文郑光路）

有"特权"的射德会徽章

加入射德会凡交纳会费后，可领到一枚铜质菱形证章，上有"四川射德总会会员证"字样和会长大名。拥有此章据说有两项"特权"，一是不被拉夫；二是打官司时，可以免跪。于是很快吸引大批小市民、店员、学生、农民等普通民众参加射德会。

四川老武师王长明老先生早年曾入该会，收藏的射德会圆形纪念章上，写有"四川省督办骠威将军陆军上将、射德会会长邓（即邓锡侯）赠"的字样。

一块体育证章能有如此威力吗？上面有邓锡侯、田颂尧、刘湘等人之名，可能会起点吓唬小鬼的作用吧。（供图/文 郑光路）

西风东渐

　　现代体育传入中国，始于19世纪60年代的洋务运动：编练新军，办军事学堂，废传统骑射，改习洋枪洋炮，学习西方练兵方法。另一条线索是，教会兴办学校也开始引进西方体育，建体育场、推广洋操、足球、篮球、田径、运动会、童子军训等西方体育教育模式。

　　这个古老的民族，刚开始接触这些新鲜的东西时，还显得有些生涩。束着辫子做体操、踢足球的场景，显示出中西文化交汇的奇异。不过，这是一个包容力很强的民族，永远对未知世界有着极大的好奇心。他们兴建足球场、举办运动会、参加奥运会，很快便融入了世界的主流。

1898年传教士在重庆教体操

　　清光绪十六年（1890年），英国传教士陶维新（R.J.Davidson）和妻子凯特林女士来到四川，从事传教、医务、教育活动。陶维新是英国"公谊会"著名传教士，先进入四川重庆，后在成都青龙街创建福音堂，建立四川"公谊会"年会。在陶维新带动下，他三个弟弟也相继来到四川。他们在传教的同时，也带来了西方体育。

　　重庆在1891年"开埠"，成为四川最早对外开放的城市。这张拍摄于1898年的照片上，陶维新的弟弟陶维持（Warburton Davidson），正在重庆向中国民众传播体操运动。尽管体操动作很简单，但无论是当先生的陶维持（左一），还是高矮长幼不一的中国学生，都做得十分认真。这张110年前的珍贵照片，很可能是现存最早有关四川现代体育的老照片。照片摘自张丽萍等编著的《华西坝——华西协和大学影录》。（文/郑光路）

成都最早的足球场

　　成都华西协合大学，样式古典的亚克门纪念室前，兀立着足球门架，这是成都最早的足球场。站在球门旁的是洋工程师、建筑总监R.C.Ricker（中文名李克忠），他于1913年到任，1915年离开中国。该图摄于1914年，说明那时成都已引进了足球这项运动。图片摘自张丽萍等编著的《华西坝——华西协合大学影录》。（文/大江）

西南地区首个标准足球场

陶维义在重庆黄桷垭创建了"广益中学"（前身名广益书院，新中国成立后曾更名为重庆5中）。1903年，长江南岸文峰塔下，中国西南地区第一个正规足球场建成了，巴蜀大地首次响起龙腾虎跃踢球的哨笛声。

因修足球场未先得到伦敦公谊会批准，建筑费超支，陶维义为此"犯错误"，不久后被召回英国。1909年，陶维义再次到重庆广益中学任校长时，带来不少足球、球鞋、球衫。他教英文并任足球教练。原广中学生熊正贵、文复阳老先生1985年回忆：那时全校四个班，每班学生不过三十人，陶校长在各班组织两个足球队，每个学生必须参加一个队。各班每天下午安排有一小时体育课，用来踢足球，训练很严格。（供图/文 郑光路）

四川最早的中外体育竞争

　　这是1905年的一天，陶维义和他花了许多心血培养出来的足球队的合影。队员们虎头虎脑、生气勃勃，陶维义却谦逊地站在后排左边角落位置。二排中央那位队员抱着一个足球，球上写有"广益中学堂"。

　　西南地区首个正规学校足球队——"广益中学"足球队几年苦练，陶维义认为"可战"了，遂于1909年的一个星期六下午与停泊长江的英国舰船体尔队和威京队等举行比赛。首次与高鼻子"强敌"对抗，学生娃难免紧张。但哨笛响后，广中校队呐喊声阵阵，如初生牛犊。结果踢成二平，算出师不羞。此后每月比赛两三次，互有胜负，连下大雨也照样进行，这可算上世纪四川最早的中外体育竞赛了。照片摘自张丽萍等编著的《华西坝——华西协和大学影录》。（文/郑光路）

重视足球的广益中学"三巨头"

中国著名教育家杨芳龄，1894年生于江西吉安，后全家迁居重庆。杨芳龄自幼聪颖好学，由私塾考入广益书院（广益中学前身），1919年至1922年留学英国伯明翰大学专攻教育学。1925年，留学归来的杨芳龄任广益中学教务主任、校长，他也是重庆大学的创办人之一。

这张珍贵的照片拍摄于1925年，左边是风华正茂的杨芳龄，居中是陶维义，右边是广益中学董事长杨国屏。杨芳龄配合陶维义，更重视足球运动。民国期间，广益中学足球队多次打败英国、法国和美国的军舰水兵足球队，被中国体育界传为佳话。

杨芳龄主持广益中学校务二十余年，培养了上百名运动员。广中校队不少运动员曾加入四川足球队，参加过1933年后多届全运会。建国后，广益中学足球健儿有的担任省市一级的足球教练，有的担任了大学老师。图由原广益中学校长杨芳龄之子杨伯庸提供。（文/郑光路）

7：0大败英舰水兵

1933年，英舰"塘鹅号"足球队高大魁梧的水兵们来到广益球场，与广益中学足球队进行了一场激烈的比赛。"塘鹅队"职业球员多、身强力壮，广益中学一群十几岁的娃娃，却以7：0的悬殊比分取得大胜。

英兵球员并不甘心，连续六个周末同广益足球队赛球，各有胜负。双方越打越亲密，"塘鹅号"舰长为表达友谊，特地从伦敦买了只高约尺许、铸有英文的压力式铜钟赠送广益中学留念。这只钟一直保存到"文革"前。

1937年，61岁的陶维义退休离开重庆回国。登船离别时他依依不舍，潸然泪下。这位四川足球的传播者回到英国定居，1956年逝世，享年80岁。

图为1937年重庆首届运动会上广益中学足球队获中学冠军后合影，由重庆老足球运动员陈永和提供。（文/郑光路）

省立四师2：0击败英国水兵"白雀"队

1928年秋，杨森为纪念"万县九五惨案"，成立"九五足球队"，欲与英国"白雀号"军舰水兵赛球。"白雀号"扬言："我们打遍了中国长江沿岸城市，未逢对手！"杨森本欲雪耻扬威，谁知出师不利输了。杨森吹胡子瞪眼睛，说："我们万县几十万人，打不赢小小英舰？"于是以省立第四师范足球队，要与英兵决一雌雄。两周后，万县西较场笛声再度响起。中方终以2：0大败英兵，夺得银盾一块、英国足球一个。赛后合影留念，双方相互混杂，友好地或蹲或站。由于都穿一模一样的宽条格球衣，须仔细看才能分辨出中国人还是英国人。

这场胜利让杨森又喜又恼。他在群众集会上挥舞手臂说："今天我很高兴，我们万县打败了英国人！"气的是，没有用他的20军"九五足球队"名义。他大发雷霆，把师范校长唐士心叫去，"啪啪啪"几耳光，大骂一顿后撤了唐校长职务。因此事万县市民对球队队员戏谑地说："你们的球踢得倒是好，就是把唐校长都踢垮杆（"垮杆"为四川方言，意为下台）了！"图为1928年万县省立四师足球队与英国水兵"白雀"队合影留念，由重庆老足球运动员陈永和提供。（文/郑光路）

一生酷好体育的军阀杨森

四川旧军阀杨森，广安县龙台寺人。他一生酷好体育，喜打太极拳、舞剑、骑马、射猎、球类。1922年，杨森驻防泸州时，主持举办了"川南联合运动会"。1924年后，他驻防万县统辖川东，更广泛地开展体育活动。

1925年杨森任四川"督理"，常以"杨森说……"式样的木牌贴于成都各处。如"杨森说：打牌，壮人会打死；打拳、打球，弱人会打壮！" 他这年在成都西较场举办的四川省运动会，1926年在三台县举办的"川西北军民联合秋季运动会"等，都设有足球比赛。 1932年8月初，杨森20军的37名运动员组成足球队、篮球队、排球队，远征武汉、南京、上海等城市，进行了大小三十余场比赛。1933年，20军足球队代表华西(中国西南)地区，参加在武昌举行的全国足球分区赛，获亚军。

杨森1949年到台湾后任"中华体育协进会"理事长，70岁还能开飞机，近90岁又娶了不到20岁妙龄女子当妾。这位风流将军近94岁才老死台北。（供图/文 郑光路）

杨森说：打牌，壮人会打死；打拳、打球，弱人会打壮。

华西坝足球场

成都1906年开办的四川体育专科学堂已设有足球课。当时足球昂贵，踢的是仿制的"土足球"或猪尿脬。那时比赛不懂规则，往往先整人后踢球，类似"武侠绝活"，诸如"飞沟子"（用屁股冲撞人）、"甩叉腿"（双脚跃起蹬人、绊人）等。

清宣统二年（1910年），美国人谢安道（美国春田大学毕业生，牧师、体育家）来到成都，以文庙街为基地建筑运动场发展"西洋体育"，修建了成都近代第一个正规足球场。1913年，谢安道将现春熙路北段及南段的地方买下，除修建基督教青年会，还修建了足球场、篮球场、网球场、排球场、乒乓台、弹子房、浴室，大大促进现代体育在四川的传播。少城公园（现人民公园）也建起有足球场的体育场。

华西坝上的华西协合大学，1910年正式开办。"华大"足球开展得很早，有五个草坪球场，以华英足球场最大。上图为华西坝的一处绿茵场，为成都早期足球场之一。（供图/肖瑞君　文/郑光路）

民国年间的球场、球门设计图。

"亚洲球王"李惠堂

1942年，以生产万金油发大财的华东资本家胡文虎两兄弟，组织"东方足球队"来重庆、成都比赛。该队以大名鼎鼎的"亚洲球王"李惠堂为队长。

四川大学、金陵大学、华西大学等组成联队，与"东方足球队"进行了五场比赛。比赛热闹空前，三层看台都挤满了人。结果客队不留情面，以12：0大获全胜，李惠堂一人射进九球。成都几支球队虽输了个"大光头"，成都地区足球运动却因此而得到了很大的推进。

照片上的李惠堂颇有足球名星的风采。后来他曾任上海复旦大学体育系主任、亚洲足球协会副会长等职。（供图/文 郑光路）

民国三十七年的篮球队员合影

照片上方的字样为"行政院物资供应局青岛办事处篮球队全体队员合影留念",摄于民国三十七年。照片得自成都旧货市场。

国民政府在青岛设置物资供应局青岛办事处,主要保障当时政府及军需民用物资供应、划拨和调度。

这张老照片上的篮球队员共11个,后排两边各穿便服与西装的可能是领队和教练,队员着BOSEY白色球衣,脚穿球鞋,却颇为文质彬彬。尤引人注目的是一队员鼻梁上的眼镜。(供图/文 王大明)

东北大学足球队

东北大学始建于1923年4月，校址在辽宁省沈阳市，1928年8月，由张学良将军兼任校长。1931年"九一八"事变后，东北大学被迫先后迁徙北平、西安、四川等地。张学良出任东大校长之后对体育教育异常重视，增聘体育教员，组织学生代表队参加各类体育比赛。1929年第14届华北运动会在东北大学举行，东大健儿大显神威，破多项全国纪录，夺得男子田径赛第一名。东大足球队、篮球队还远征日本进行比赛，以其强健的体魄击碎了"东亚病夫"的谬论。

这张东大足球队的照片摄于抗战时期的民国三十三年（1944年），当时东北大学已迁至四川省三台县。在"抗日救亡""强身救国"的旗帜下，此时的东北大学仍然很重视体育运动的发展，在临校的县城东河坝开辟了一个很大的运动场，有着简陋的设施，每两年举办一次大型运动会。

照片中的罗玠（二排右三）是东北大学校足球队员。1946年罗玠转入四川大学机械系，毕业后即留在成都定居。（供图/文 罗铮 邱玉华）

一个运动员的奥运会代表队

　　1932年第十届奥运会在美国洛杉矶举行。7月30日的开幕式上，中国代表队在第八位入场。此次比赛，中国只有一个短跑运动员刘长春参加，他一个人执国旗昂首阔步走在前面（右二），沈嗣良为总代表继之，随后代表四人是宋君复、刘雪松、申国权、托平（美国籍）。刘长春由于长途跋涉，未得休息，在初次预赛里就被淘汰了，令人惋惜。（本组供图/文　郑光路）

奥运队员拜谒中山陵

1936年，第十一届奥运会在柏林举行。中国派出体育代表团。共有运动员69人，国术表演队11人，体育考察团33人，还有"干事""秘书""指导""顾问"多人，共141人。尽管队伍庞大，条件却极为艰苦。因经费不足，竟连一名随队医生都聘不起。行前，国术队员曾到南京大光明戏院卖艺，足球队也先期到东南亚国家表演募捐。

运动员们奉命到南京集训了几十天，国民政府主席蒋介石接见了全体运动员，作了训示。当局发给每人一件法兰绒西装，一条白布长裤，一件白衬衣和一顶小草帽，作为出国服装。出国前，团员们拜谒中山陵，雄心勃勃地宣誓……当时国内各报刊对这一体育盛事留下了各种文字和图像记录。

6月26日，代表团从上海启程。7月20日，邮船终于在意大利威尼斯停泊。第二天换乘火车，23日到达柏林。路上整整走了28天，代表团人人疲惫不堪，直接影响了比赛成绩。（供图/文　郑光路）

奥运会上的国术表演

　　1936年第十一届奥运会上由郑怀贤等人组成的"国术表演队"，参加了奥运会的表演。男运动员张文广的查拳、寇运兴的大刀、郑怀贤的钢叉、温敬铭与张文广的空手夺枪、金石生的九节鞭，女运动员翟涟源的花拳、刘玉华的双刀、傅淑云的绵掌等，首次向世界展示了中华民族独具魅力的传统体育。

　　上图为中国国术男队合影，右二为郑怀贤。

　　下图为中国国术女队三名队员（右一刘玉华，右二翟涟源，右三傅淑云）的合影。（供图/文 郑光路）

青岛医院趣味运动比赛

　　这组照片摄于民国二十一年（1932年），内容是青岛医院举行的一次趣味体育比赛，由定居成都、现年96岁的老医生藤桂馨提供。作为青岛医院的护士，藤桂馨也参与了这次趣味体育比赛（右下图中间的抬担架者）。据老人回忆，当时青岛医院很重视医护人员的身体素质，多按季度一年举行三四次全院运动会。因救护工作的要求，对护士的要求比医生严格得多，必须参加竞技型运动比赛项目，如短跑、接力跑等。

　　趣味体育比赛的设计往往与医护业务结合，有缠绷带比赛、敲药瓶比赛、抛物比赛、抬担架比赛等趣味项目。比赛用具也"就地取材"，担架、药品、绷带等，都派上了用场。（本组供图/藤桂馨　文/谷沁雨）

护士缠绷带比赛。

护士抬担架比赛。

吊药瓶跑比赛——用绳子拴住物品放入瓶内，再提着瓶子向前跑二三十米到达终点。

运动场边欢呼胜利。

职工小孩抛接物品比赛。

拔河比赛。

民国时期第六届全运会

民国时期第六届全运会于1935年10月10日至22日在上海新落成的江湾体育场举行。这届全运会第一次按国民政府教育部颁布的《全国运动大会举行办法》执行，在参加办法、比赛规则、录取办法等方面趋于规范化。

参赛者包括许多华侨，上海代表团规模最大，参赛者233人。比赛项目，男子有田径、全能、游泳、足球、篮球、排球、网球、棒球8项，女子有田径、游泳、篮球、排球、网球、垒球6项……

上图为男子篮球初赛，四川队获胜。

下图为四川省全体选手合影。（供图/文 彭雄）

第十一期

第六届

刊畫會運全

睹目臨親如宛卷一執手 · 上紙現活然躍態動會大

朗望球特許承委球攝空勞

行發館書印務商·外號誌雜方東

手执一卷宛如亲临目睹

　　《第六届全运会画刊》第十一期（1935年10月20日发行）是《东方杂志》印制的号外，由商务印书馆发行。第六届全运会期间，比赛当天的场景能利用照相制版凹印技术在第二天画报上刊出。这在那个年代是十分惊人的。画报上的广告语"大会动态跃然活现纸上·手执一卷宛如亲临目睹"，非常贴切地表达了其及时性。（供图/文 彭雄）

民国泳坛第一花——杨秀琼

杨秀琼是广东东莞人，自幼有游泳天赋，12岁即夺得自由泳两项冠军。1933年，在民国时期第五届全国运动会上囊括全运女子游泳全部金牌，"美人鱼"的雅号不胫而走。在场观看的蒋介石夫人宋美龄认她为干女儿。据说，在这场比赛后，宋美龄送给她一辆福特轿车以表祝贺。

1936年，第十一届奥运会在德国柏林召开。经过17天的海上航行，杨秀琼因体力不支，最终没能进入决赛。回国后，指责铺天盖地，压得她喘不过气来。杨秀琼那美丽曼妙的身姿慢慢淡出泳道，无奈地结束了运动生涯。

1937年杨秀琼与"北国第一骑师"陶伯龄结婚。夫妻俩密定10年后才要孩子，以便专注于体育事业。（本组供图/文 彭雄）

杨秀琼参加民国时期第六届全运会时留影。

当了"范哈儿"姨太太

"卢沟桥事变"后，杨秀琼和丈夫被邀到重庆参加"全国游泳比赛"，并夺得女子游泳赛八项全能冠军。也就是这次活动上，杨秀琼认识了范绍增（人称"范哈儿"）。

范绍增是四川军阀中的实力派人物。蒋介石为了笼络他，让宋美龄收了他为干儿子。后来，范与杨秀琼结婚，并在次日《重庆日报》头版头条发布"南国美人鱼杨秀琼与川军司令范绍增将军结婚"的消息，副题为"杨秀琼与陶伯龄离婚"。杨秀琼当了范绍增的姨太太，那年，她才19岁。她像一颗耀眼的流星，闪亮于黑暗的天幕间，瞬间便悄然坠落了。

杨秀琼后远渡重洋到加拿大温哥华侨居。1982年10月10日溘然病逝。图为1935年第六届全运会上，杨秀琼在泳池旁等候上场比赛。（供图/文 彭雄）

运动时尚

　　此为上世纪40年代一成都女性在郊外骑马的小影。那时的妇女，已经可以像男子一样自由地骑在马背上了。从照片中这位女性的着装，可以看出她着装时髦而不失妩媚的矫健英姿。那时，裤装已开始在一部分走在时尚前沿的都市女性中流行，这位女性精心选择的几何拼贴衬衫又带有几分西部牛仔的韵味，可见这位上世纪"时装达人"的服装修养非同一般。在运动与时尚的"联姻"上，那个时代的先锋女性已开始身体力行了。（供图/王华　文/谷沁雨）

女童子军

民国年间学生当童子军勿需申请，初小以上者为幼童军，高小、初中、高中者皆为童子军。其誓词为"一日童子军，一世童子军，日行一善事"。其守则为仁、义、礼、智、信、勤奋好学之类，诸如"义所当为，毅然为之，不为利诱，不为威屈，成败在所不计"等等。

童子军的服装颜色各校自定，有黄、草绿、麻灰色等。胸前两边各一小衣包，有纽扣，横挂一条警绳，一端系了一只警哨（用六厘米长的铁筒做成），头戴船形帽或遮阳帽，上有帽徽，腰间挂上一卷警绳和水壶，有的还配备小军刀。右胸衣袋别上了3×7厘米大小的"中国童子军"胸章，背面有姓名、年级

班次和番号。脖子上还佩戴双色的两个三角形拼成的方形领巾，蓝白色、红蓝色各校不一，胸前打结处有一个领圈。女生下穿素色裙子。

童子军上课每周是两三节，右手执一根四尺左右长的童军棍，立正时棍挨右脚垂直地面，稍息时右手握棍伸开成30度的夹角，练习队列变化，纵队变横队等训练。如果是高中学生，要用没有机柄的步枪练习立姿、跪姿的射击动作。童军教官上课时还要给学生讲童子军的历史知识和相关故事。在成都祠堂街有出售童子军用品的大商店，还有许多有关童子军的书籍杂志之类的小册子出售。

左图为1948年成都童子街八区一校女童子军合影。

右图摄于1943年，为位于成都狮马路的中华女中初中22班毕业时的师生合影。（供图/李素芳 陈乃霖 文/李维毅）

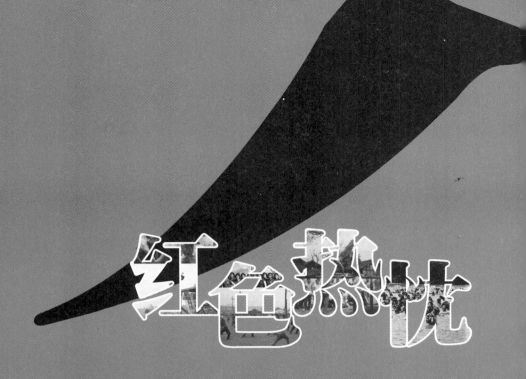

红色热忱

　　1933年中央苏区出版的《各种赤色体育规则》中指出，体育运动的任务是为了适应青年工农的要求，锻炼身体，时刻准备上前线，造就铁的红军，担负起革命的战斗任务。

　　抗日战争和解放战争时期，根据地的军民就十分注意体育锻炼。新中国成立后，"发展体育运动，增强人民体质""锻炼身体干革命""我们不是为的赛胜负，乃是锻炼铁的筋骨，保卫苏维埃政权"等口号，更激发起人们体育锻炼的热情。丰富多彩的学校体育、群众体育、部队体育，留下那个年代最具时代特色的体育群像。

　　条件是艰苦的，场地和器械都非常有限，但人们因陋就简，因地制宜，田间耕作歇息时可以扭扁担，在石墩上可以掰手劲……对体育运动表现出了极大的热忱。

到大风大浪里去锻炼

1956年到1966年，毛泽东11次横渡长江，掀起了国人在公开水域游泳的高潮。他号召："游泳是同大自然斗争的运动，你们应该到大江大河中去锻炼。"

全国各地热烈响应。到江河湖海去游泳，在大风大浪里锻炼成长，一时蔚然成风。（本组供图/杨永琼　文/惘忠）

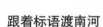

跟着标语渡南河

1976年上半年在成都新津南河举行的游泳比赛，是纪念毛主席畅游长江十周年的民间体育活动。

比赛中，人们跟在标语的后面横渡南河。标语的内容多为"工业学大庆""农业学大寨""好好学习天天向上"等。新津南河，河阔水深，确实为畅游佳处。成都的许多重要水上活动与盛大赛事，多在此举行。

四川省 成都市 热烈庆祝伟大领袖毛主席畅游长江十周年
温江地区 新津县

畅游前的"高台跳水"

　　成都举办过多次大型游泳纪念活动。1970年，成都市、温江地区和新津县联合举行纪念毛泽东畅游长江4周年庆祝活动，有3000多名运动员参加了武装泅渡、横渡和畅游津南河活动。1971年，新津县同成都市联合举办纪念活动，3000多人参加游泳。从1973年到1976年，新津县每年都举行游泳活动。1976年，为纪念毛泽东畅游长江10周年，四川省、成都市、温江地区和新津县联合举办了规模盛大的游泳活动。

　　图为畅游前少年儿童们在木头搭成的简易跳水台上进行高台跳水。

竞渡时的壮观场景。

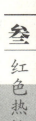

身背红缨枪，头戴伪装帽。

武装泅渡演习

　　这是新津县历史上参加游泳人数最多、规模最大的游泳活动之一，共有3000多人参加。众多媒体都进行了报道。

8000人横渡长江

　　1965年重庆举行8000人横渡长江活动。小学生们在老师的带领下，精神抖擞地拿着自制红缨枪，扛着校旗，渡过滚滚长江。

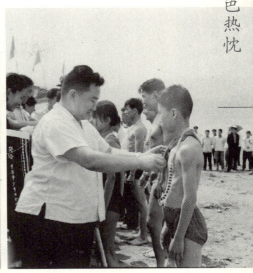

出发前戴红领巾

横渡长江的同学们在出发前都戴着红领巾，更显英武之气。

方阵

　　横渡长江的同学们列着整齐的方阵，其中最引人注目的是游泳队伍中的
400多名女运动员。

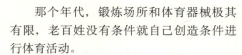

那个年代，锻炼场所和体育器械极其有限，老百姓没有条件就自己创造条件进行体育活动。

在农村，一副粪筐放在晒场中间，就可以跳高，田间耕作中途歇气就可以扭扁担。农田中的乡间公路和机耕道就能作跑道，两个磨扇中间插上铁棒就能举重……

城市居民们把自家门板取下来往两条长凳子上一搁，就可以打乒乓球了。门框上绑一根铁棒，就能做引体向上运动。桉树上钉块木板，做个铁丝圈圈，就能跨步投篮。自制的沙包，往树上一吊，拳击运动立马开始。

照片中的木制单杠架相当简单，锻炼的人却非常认真。部分人穿着警服，大概是在一个公安局大院内。（本组供图/文 王大明）

因地制宜的体育运动

爬竿：节节高

　　爬竿是增强臂力和四肢协调能力的全身运动。空旷的郊野，爬竿运动正在进行，观者似乎都屏住了呼吸，投以全神贯注的目光。

肋木

照片中一家人身后的体育器材为肋木。肋木用硬质的木材制作，没有复杂的工艺，一般的木匠就能完成。肋木用来锻炼孩子的攀爬能力，从小培养他们勇敢无畏的精神。

图为上世纪50年代成都刃具厂内的肋木体育设施。（供图/肖瑞君）

秋千

荡秋千是一项大人和小孩都喜欢的古老的体育活动。三角形的木质秋千架沉稳扎实。秋千架不仅学校有，幼儿园、公园、游乐场中也能见到。

扭扁担

　　屁股上的补丁，脚上的草鞋，光着的脚丫见证了那段艰难困苦的岁月。赤膊上阵，扭着扁担较劲儿。中间站着吹哨子的裁判，观者如堵，不用花一分钱门票就能看到精彩比赛。其实谁胜谁负并不重要，农民兄弟所追求的是淳朴的乡野之乐。

晨练

　　远处的古塔，河岸边的小道，田野里茂盛的庄稼，一湾清澈的河水，一队年
轻人正在慢跑，青春的气息扑面而来。

成败在此一举

"成败在此一举"，这句话用在此照上非常合适，石料在乡下石场有的是，随处可采，而且不用花钱。用石料凿成的杠铃，中间插上铁棒就能进行举重训练或比赛了。从照片上看，举重者成功了，引来了众多围观者的喝彩声。

习武

　　武术不择场地，照片上的青年一招一式，毫不含糊。他们在农村土屋前的院坝中练习武术，头戴军帽，脚蹬白网鞋，这些无不烙上了时代的印记。

练肌肉

　　七孔砖围墙、海魂衫、铸铁哑铃是上世纪六七十年代的常见之物。那时的人们常用自制哑铃锻炼臂力，健美肌肉。假如认识翻砂车间、铸铁生产组的工人，还可量身定制，"原创"出一副适合自己特点的哑铃。

院坝排球赛

　　农村的院坝可以作为会场，供生产队开会，也可以作为篮球场、操场等等。拉上拦网，排球比赛就开始了，宁静的乡村顿时多了一分喧嚣，变得热闹起来。

老式摩托做训练器械

摩托车运动充满惊险刺激，属国防体育的范畴。运动员除了应具有较强的体质外，还应该熟练掌握驾驶技术和运动技巧，尤其在做特技驾驶表演的时候。据业内人士介绍，建国之初运动员训练使用的摩托车是战争年代遗留下来的。

"土双杠"表演

早在19世纪初，双杠运动已成为欧洲流行较广的一种健身项目，双杠比赛的成套动作有摆动、摆越、屈伸、弧形摆动、回环、空翻和静止用力等。由于当时的经济条件制约，成都市很多学校的双杠制作都是就地取材，请木匠来现场制作，由同学们挖坑，协助安装。

部队历来重视体育活动的开展，各部队之间经常开展友谊比赛。军事体育是国家体育事业的重要组成部分，解放军运动员和体育选手经常参加国内国际重要赛事，为国争光，为军队获得荣誉。

紧张的军事训练当中也包含了多种体育运动的元素，如跑步、长途拉练、野营、射击、摩托车训练、骑术训练等，这些都是和体育运动的项目一脉相承的。图为中国人民解放军某部女子篮球队的队员在训练。（本组供图/文王大明）

部队体育

驻藏某部女子篮球队

这是中国人民解放军西藏军区的女子篮球队。部队官兵长年驻守高原边疆，文化生活单调、贫乏、枯燥。活跃部队文化生活，一是靠军区组织文艺调演，二是靠电影队定期深入营区、哨卡为官兵放映电影。但这周期很长，要很久才轮得到一次，大多数时候能让官兵在紧张训练之余调剂身心的活动就是篮球比赛了。

左图为篮球架下英姿飒爽的女子篮球队员。

下图为女子篮球队员与部队首长合影。

戴红军帽照相的篮球队员

建国之初，中央人民政府把四川分为川西、川东、川南、川北四大行署，随之军区也冠以川西军区、川东军区等名称。各军区积极开展体育建设。图为川西军区篮球队队员在篮球架下的合影。

军区师范学校举行运动会

此为某军区师范学校第二届运动会现场。这张照片显示了会场主席台的原貌布置，主席台中央悬挂的是毛泽东、朱德的头像，头像两边是鲜艳的五星红旗。整个主席台的布置庄严、简洁，台下解放军运动员在聆听首长的讲话。

厂矿体育

在体育社会化的推动下，体育热遍及机关事业单位和厂矿企业。单位、学校、工厂之间经常举行篮、排球比赛或联赛，各单位还经常组织职工做工间操。也有的工厂把消防演习与体育活动融为一体，既增长了消防知识，又丰富了职工业余文化生活。

图为四川省内江市人民委员会的工作人员在做工间操。

（供图/文 王大明）

图说

百年体育

"广播体操，现在开始！"

广播体操是全民参与的体育运动，有早操、课间操和工间操之分。做广播操时场面宏大，参与者众。广播体操过去是名副其实的"广播体操"，喇叭高悬楼上，用人工守着放唱片，遇停电或广播发生故障时，就用吹哨子和嘴喊相结合的办法。（本组供图/高志和 王大明 文/王大明）

三八节球类比赛

1951年，为迎接和庆祝国际三八妇女节，重庆市北碚区庆祝三八妇女节大会筹委会组织各单位进行球类比赛。主办方为教育系统取得优胜的单位颁发了锦旗，照片上写着："三八节球类比赛优胜者合影留念 1951"。（供图/文 王大明）

广播电台的篮球队

这是1953年的西南人民广播电台篮球队的合影照片，队员中有随军南下的干部。西南人民广播电台于1955年7月撤销。（供图/吕齐 文/王大明）

乒乓球队下基层交流

1975年，位于四川乐山犍为的嘉阳煤矿热烈欢送四川乒乓球队离矿回蓉。图为煤矿职工与运动员在一起合影的情景。（供图/文 王大明）

　　四川是多民族聚居的省份，其边远地区少数民族民族体育活动的开展历来受到高度重视。各地市州县都有自己的体育机构和管理部门，有正规的运动场所，配置了专职的体育干部，并对农村及少数民族地区的运动员实施培训，使这些地区体育运动正规化、经常化、制度化。据资料显示，上世纪50年代以来，四川已举办了十届少数民族运动会，为增进各民族的团结、发展经济、增强人民体质，起到了积极的作用。

　　边远地区的人民根据自身条件，克服运动场地稀少、体育设施落后的困难，不等不靠，千方百计创造开展体育运动的基础条件。他们特别具有吃苦精神，吃自带的饭菜，打井里面的水解渴。这组数十年前的照片反映了当时民间群众体育的状况。照片上还附有时人写在纸片上的文字说明。（本组供图/文 王大明）

群众体育

阿坝藏族羌族自治州女子篮球队在参加三州运动会期间坚持早操锻炼。

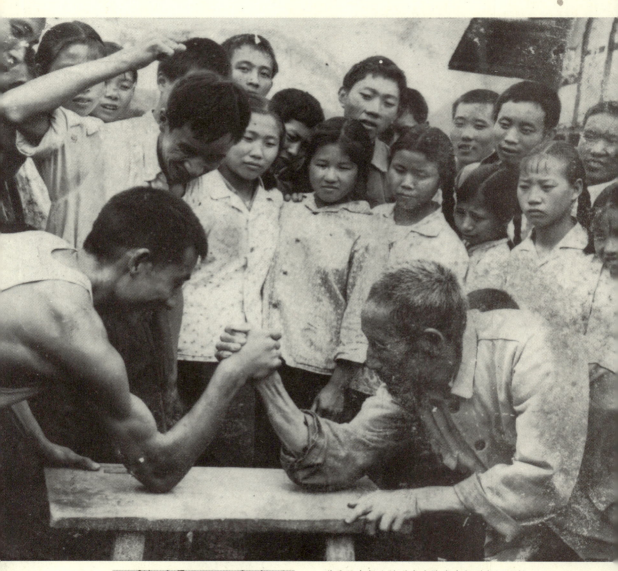

洪雅县中保公社联丰大队党支部副书记王绍文（右）老当益壮，带头参加体育活动，这是他在工余时间和青年社员比手劲。

洪雅县中保公社联丰大队
的青年社员遵照毛主席"时代不
同了,男女都一样"同时被少到
田事情不比她她她唱了"的教
导,积极下河学习游泳,改变以前
农村妇女不敢下河游泳的风
俗。

洪雅县中保公社联丰大队的女青
年遵照毛主席"时代不同了,男女都
一样"的教导,积极下河学习游泳,
改变了以前农村妇女不敢下河游泳的
风俗。

乐山县五通桥的群众性
游泳活动非常活跃。这是广
开展
大青少年在茫溪河上进行
游泳锻炼

乐山县五通桥的群众性游泳活动开展得
非常活跃。这是广大青少年在茫溪河上进行
游泳锻炼。

冕宁县拖
大桥公社的彝族社员在工
余进行爬绳锻炼。
时间

冕宁县拖乌大桥公社的彝族社员在工余时间进行爬绳锻炼。

洪雅县中保公社联丰大队党支部遵照毛主席关于大办民兵师的教导，利用民兵组织积极开展体育活动。这是该大队民兵在练兵间隙进行民间摔跤比赛。

洪雅县中保公社联丰大队党支部遵照毛主席关于大办民兵师的教导，通过利用民兵组织积极开展体育活动。这是该大队民兵在练兵间隙进行摔跤比赛。民间

洪雅县中保公社联丰
大队青年社员利用田间小道
进行跑步锻炼。

洪雅县中保公社联丰大队青年社员
利用田间小道进行跑步锻炼。

三台县委工交部长杨继周（右）、三台农改厂党委书记王君虞上阵打篮球。

三台县委工交部长杨继周(右)
台农改厂党委書記王君虞(右)
上陣打兰球 00700

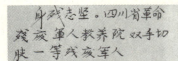

身残志坚。四川省革命残废军人教养院双手切肢一等残废军人

四川省革命伤残军人休养院双手截肢的一等残废军人，把球拍用绳子绑在手臂上打乒乓球。

上世纪五六十年代以来，学校体育教学抓得很紧，严格按教学大纲进行。甚至还要向学生布置家庭体育作业，有仰卧起坐、下蹲、跑、跳、投等，由家长监督。

学校的体育器材大都请木工制作，乒乓球桌往往是学生利用劳动课捡砖砌成的。上体育课为了减少布鞋的磨损，同学们时常脱掉鞋子光着脚丫跑步。在困难年代，同学们早晨吃泡豇豆下清汤稀饭，偶尔还会发生上体育课跑步时把裤子跑脱的趣事。

图为上世纪60年代某学校运动会入场式。（供图/文 王大明）

学校体育

叠罗汉

　　此为成都天府中学上体育课时"叠罗汉"的情景。这张照片背面用钢笔标注"天府中学体育纪念，杜云龙、刘光明、康中铭。民国二十七年"，对了解抗战期间成都中学体育现状具有参考价值。天府中学全名天府私立中学，位于成都市正府街，1920年建校。（供图/文 王大明）

抗战时期四川大学男排队队长

民国时期，四川高校及中学的排球运动十分火热，在国内显得比较突出。

日本军国主义的侵华战争开始后，中央大学、金陵大学、齐鲁大学、燕京大学等高校迁到成都地区。李奇梁经常参加四川大学、华西协合大学等八所高校在华西坝举行的联赛。那时的排球联赛是9人制排球。

华西坝的排球联赛赛场上，最引人注目的是金陵大学的队长卢文楠。他球技出众，而且左右手都可扣球，使对方防不胜防。每次比赛，他只要出现在场上，立即让观众情绪高涨。中华人民共和国成立后，他成为了第一任全国排球总教练。

图为国立四川大学男排队长李奇梁，他从中学到大学一直担任排球队队长。他个子不高，但弹跳好，擅长用左手扣球。（供图/文 李玉松）

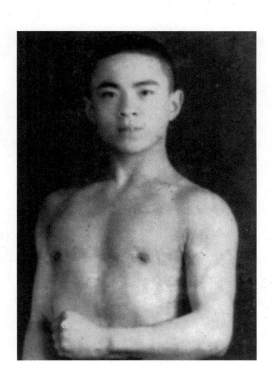

齐鲁小学篮球队

　　这是原四川人民广播电台高级记者吕齐提供的，1936年5月28日安徽芜湖齐鲁小学篮球队的合影照。当年吕齐的哥哥就读该小学六年级，是篮球队队员。篮球队打篮球时，读小学一年级的吕齐就在旁边观看。（供图/吕齐　文/王大明）

灌篮高手

1948年暑期，江苏扬州中学两个学生在打篮球，展现出半个世纪前"灌篮高手"的风姿。一根树干制作的篮球架在空荡荡的操场中虽然显得有些孤独，但却有"金鸡独立"的风姿；从打篮球同学的投篮动作，可看出他们扎实的基本功及弹跳的灵活。（供图/吕齐　文/王大明）

华大篮球队队员

1951年10月6日，西南行政区文教部长楚图南代表人民政府宣布"人民华大"正式诞生，将华西协合大学更名为华西大学，由著名生物学家刘承钊担任校长。图为上世纪50年代就读于华西大学的两位大学生身着球衣在球场上合影，球衣上的"华大"二字是政府接管这一学校的佐证，左边那名学生后来成为了我国著名的放射科专家。（供图/肖瑞君　文/王大明）

掷手榴弹比赛

手榴弹掷远是学校和部队经常训练的国防体育项目之一。掷手榴弹时，跑、跳、投的动作要协调，掌握好角度才掷得远。这是西南民族学院的大学生在掷手榴弹。（本组供图/文 王大明）

新旧址篮球争霸赛

这是西南民族学院学生在不同校址进行篮球赛的历史记录。

上图为在玉沙街的旧校址举行篮球赛，场外站满了观众。

下图为搬至成都南郊青龙村后，西南民族学院的大学生课余打篮球的情景。

舞出我天地

　　体操的花式很多，有器材体操、徒手操、艺术体操等。女孩们一般都向往艺术体操，用运动和舞蹈的方式将优美与灵动结为一体。

　　图为上世纪60年代成都某校园操场上，一名少女正在进行个人艺术体操训练。远离喧哗的操场，更是显得宽旷与宁静。（供图/文 王大明）

女子排球队

四川省成都第一中学
（位于东马棚街）的女子排
球队，当年在成都的学生排
球队中很有名气，曾经在成
都市的大中学排球比赛中取
得过亚军的好成绩。1953年
7月，这支排球队中的几个女
生毕业了，为了欢送她们，
排球队的全体成员留下了这
张照片。其中，后排右一为
女子排球队的主教练。（供
图/文 胡秉阳）

摆POSE

这张摄于1956年的旧照，是学生王志仙、陈绍芝送给老师的纪念。两位富
有青春活力的女生在运动场上摆体操造型。（供图/文 王大明）

赛车手的渴望

　　自行车运动在成都开展很早，民国时期就有自行车运动比赛。新中国成立后，自行车运动有了较大发展。这是四川省自行车业余队的运动员（左三）在温江中学和同学们进行赛事交流，她眼神中流露出对胜利的渴望。从同学们的发型、脚穿的布鞋、草鞋来看，照片拍摄于上世纪50年代末期与60年代之间。那辆弯把赛车在当时还不多见，因此人们将它团团围住，眼露羡慕之色。（供图/文 王大明）

大学拔河比赛

拔河是培养团结一致、齐心协力的体育项目，是学校、工厂、机关单位经常开展的群众体育活动。拔河的绳子为麻质，直径约4厘米，卷成团，要两个学生才抬得动。中心点多拴上红绳、手帕、红领巾等。拔河时，两边人数相当，队员们脚掌前后相靠，以便竭尽全力。图为位于成都玉沙街的西南民族学院的师生们正在进行拔河比赛。（供图/文 王大明）

御河划船比赛

除锦江外，老成都城内以前还有金河、东御河和西御河。明初朱元璋第十一子朱椿被封为蜀王，修建蜀王府时挖土筑城，并沿城墙开凿河道。因为是皇城的护城河，故称御河。御河边的街道，分别被称为东御河沿街与西御河沿街。

新中国成立前，御河因长时间没有清淘淤泥，一到雨季就闹水灾。20世纪70年代前后，全国上下都在修建防空洞，御河最终被填，改建成了人防工程，部分河段现在成了地下商场。

图为1958年西城区小学生在御河举行暑期划船比赛运动会。（供图/杨永琼　文/冯至诚）

欢乐的挥拍岁月

上世纪五六十年代的成都市中学生乒乓球比赛一般是在成都市青少年宫（位于鼓楼街）或成都市体育场的乒乓球室内举行。

这组照片是一群十二岁左右的女生，1963年12月在青少年宫参加成都市中学生少年之家"少女乒乓球活动站"比赛的情景。冠军简大媛来自成都市二十

二十五中的简大媛荣获第一名。

五中，她右手直握拍，以快攻打法为主；亚军张国英是成都市十六中学生，她右手横握拍，以削球为主；吴文珍来自成都市盐市口中学，她右手直握拍，以快攻打法为主；陈锡露来自成都市盐市口中学，她右手横握拍，以快攻打法为主；向渝生来自成都市十一中，右手直握拍，以搓球起板、拉抽为主要打法。她们以各自的特色，分享了这一年市中学生乒乓球比赛的胜利。（本组供图/杨永琼　文/吴文珍）

十六中的张国英荣获第二名。

比赛让旧友相逢

　　这组照片中的学生大多都进了业余体校，随着年龄的增长，有的同学依然随学校参加市内乒乓球赛，有的则与乒乓球告别。后来由于"文化大革命"和"上山下乡"运动，她们失去了联系。上世纪70年代，不少同学又重拾乒乓拍，代表不同单位参加比赛。失去音信多年的朋友们因此再次相遇。照片中的张国英、吴文珍、向渝生等人当时还是知青，一次一起代表仁寿县参加乐山地区的乒乓球比赛，在仁寿县相遇。（本组供图/杨永琼　文/吴文珍）

盐市口中学的吴文珍荣获第三名。

十一中的向渝生荣获第五名。

盐市口中学的陈锡露荣获第六名。

十六中火炬手

　　省成十六中即现成都市第十六中学，前身是私立济川中学。这名火炬手身穿印着"省成十六中9（号）"的球背心，显得很是干练。熊熊燃烧的火炬，更是点燃了运动员拼搏的激情，传递着体育的力量。（供图/文　王大明）

时尚的运动装

　　晴朗的天空，飘着白云朵朵。这是少年儿童业余体育学校女生手抱篮球，训练间隙留下的青春倩影。她剪着齐耳短发，目光炯炯有神。

　　那时拥有一套运动衣、白网鞋或篮网鞋，是青少年的奢望。家长们常这样给孩子们许愿："只要你成绩都考双百分，春节前就奖励一双网球鞋、一件运动衫。"上身穿大翻领运动衣，下着运动裤，即使穿在里面也故意露出衣领或一截裤腿，则是那个时代最"洋盘"的穿着方式。（供图/文　王大明）

暑假登山者

上世纪五六十年代，各校在抓好体育教学的同时，采取不同的措施，经常开展形式多样、生动活泼的课外体育锻炼，甚至连假期也不放过。

图为1962年重庆市的少年儿童在暑假期间进行爬山活动。（供图/杨永琼文/谷沁雨）

田埂上的泳前热身

　　具有拉练性质的暑期体育活动，先跑步，再游泳。在郊外体验"野战"的感觉，是最受学生喜爱的校外体育活动。学生在上校外体育课时，要穿统一的运动装。图为1963年，重庆市长寿县天台小学一队学生到李家大湾游泳前的热身照。照片中的男生穿着背心和短裤，正在做着下水前的准备活动。（供图/杨永琼　文/谷沁雨）

瞄准，击发！

　　在暑假对少年儿童进行射击训练，反映出军事练习项目是当时我国体育的重要组成部分。从这组1962年摄于成都市暑假儿童活动射击训练课的照片，能看出小学生们既专注又得意的神态。（本组供图/杨永琼　文/谷沁雨）

在水中，让太阳晒黑皮肤

业余体育学校制度，是我国上世纪50年代学习当时苏联建立的培养竞技运动后备人才的办学形式。据不完全统计，在我国已有的世界冠军中，有95%来自青少年业余体校。

这组1956年重庆市少年业余体校游泳班暑期活动的照片，反映出当时训练的科学化、专业化与系统化已达到了相当水准。

图为重庆市游泳班的长江实践训练。（本组供图/杨永琼　文/谷沁雨）

数名医务人员伫立岸边，以保证学生的安全。

横渡长江合影留念。

1956年重庆市少年业余体校游泳班高台跳水。

水球训练。照片上的白线为当时的编辑画下的裁切框。

准备奖品

　　重庆南温泉，游泳班的暑期训练即将结束，重庆市少年业余体校的两名女生得了许多个人奖，她们正在整理这些奖品。

河中游泳练胆魄

比起游泳池来说，在河里更加锻炼人。那时，成都很多学校利用贯城而过的河流作为天然泳场，组织游泳活动。在水深流急的河道中，学生们既迅速提高了游泳技术，又锻炼了胆魄。

图为1962年成都市暑假儿童游泳活动。（供图/杨永琼　文/冯至诚）

少年足球赛开赛前

中华人民共和国成立后，足球运动被列为重点运动项目，得到了大力推广。从1954年起，我国建立了全国足球联赛制度，1956年又改为甲乙级升降的联赛制度，并开始组织全国青年足球锦标赛，试行了运动员、教练员和裁判员的等级制，增加了少年足球锦标赛等，这些措施加强了足球运动的竞争性。到这一年，全国已形成发展足球运动的10个重点地区，并号召中小学积极开展小足球运动。

这张图片摄于1956年重庆的体育场上，少先队员在足球赛开赛前吹起了队号，以激励队员。体育场旁，跳伞塔清晰可见。（供图/杨永琼　文/谷沁雨）

跳橡筋绳"升级"

上世纪80年代跳橡筋绳仍然在民间延续，但它也悄悄变革着，从大型的集体橡皮筋舞变为以"升级"为主流。

两人像桩子一样脚上套着橡皮筋，先从脚踝位置跳起，渐次升至膝盖处、腰部、胸部、脖子，谓之"升级"。在同一高度跳出数种规定花样（如单脚跳、双脚跳、侧手翻等），才取得"升级"的资格，若输了，换成去做桩。技艺高超娴熟的孩子，能一口气从最低一级的脚踝跳到"桩子"两手高高举起的最高一级。

图为1980年成都龙泉驿柏合寺儿童在跳"升级"。（供图/杨永琼 文/谷沁雨）

是对歌还是拔河

20年前流行的拔河游戏中，孩子们通常还扮演一些角色，以增添趣味性。在拔河时，两队人员排成列，边唱边走到中间：

A队：我们要救一个人。

B队：你们要救什么人?

A队：我们要救刘美丽。

B队：什么人来通大气?

唱毕，两队代表入列，孩子们弓箭步，前脚脚尖抵脚尖，两手拉着拔河，开始拿出吃奶的劲儿直至最终决出胜负。

图为1980年成都市新津县城关小学课余活动上的拔河比赛。（供图/杨永琼　文/谷沁雨）

舒舒服服看篮球

随着我国经济的发展，学校体育建设逐步得到加强，从初期的无场地、无器材，因地制宜、因陋就简，到学校普遍都修建了篮球、排球场。上世纪60年代初，周恩来同志就提出学生每天要有一小时体育活动的要求。到上世纪80年代，因为设备、场地的完善，各学校都能做到每周两节体育课，中小学生普遍坚持每天一小时体育活动。

图为上世纪80年代，成都市新津县城关镇小学的篮球比赛。师生们则从教室里搬来椅子，坐着舒舒服服地观看。（供图/杨永琼　文/谷沁雨）

体育实物珍藏

到江河湖海去锻炼

泗渡百公埝纪念

为了对付河流、水网，使我军在河流、水网地区，打破水的障碍，而能机动自由起见，全国军队、全国青年、全国民兵，均应学会游泳。

泗渡百公埝纪念证

百公埝即百工堰，位于距成都20余公里的龙泉镇山泉乡美满村。这里过去是一个堰塘，建国后经扩修，水面达到358亩，可供游客钓鱼、游泳、划船等。上世纪七八十年代的夏天，常见有人从市区骑自行车到百工堰游泳。

"泗渡百公埝纪念证"由成都市军事野营办公室赠，凡参加者人手一份。泗渡参与者一般都要肩负武装器材，在特定的环境里还要肩扛大型标语。

上图为上世纪70年代，一群年轻人在百工堰游泳、野餐。（收藏/文 王大明）

体育实物珍藏

到江河湖海去锻练

为了对付河流、水网，使我军在河流、水网地区，打破水的障碍，而能机动自由起见，全国军队、全国青年、全国民兵，均应学会游泳。

泗渡百公埝纪念

泗渡百公埝纪念证

　　百公埝即百工堰，位于距成都20余公里的龙泉镇山泉乡美满村。这里过去是一个堰塘，建国后经扩修，水面达到358亩，可供游客钓鱼、游泳、划船等。上世纪七八十年代的夏天，常见有人从市区骑自行车到百工堰游泳。

　　"泗渡百公埝纪念证"由成都市军事野营办公室赠，凡参加者人手一份。泗渡参与者一般都要肩负武装器材，在特定的环境里还要肩扛大型标语。

　　上图为上世纪70年代，一群年轻人在百工堰游泳、野餐。（收藏/文　王大明）

西安市人民体育场游泳体检证

　　游泳体检证长13厘米，宽9厘米，系套红黑雕版印刷，1973年至1975年跨年度使用。该证的左边为部队官兵武装泅渡训练的图景，右边是毛泽东题词。（收藏/文　王大明）

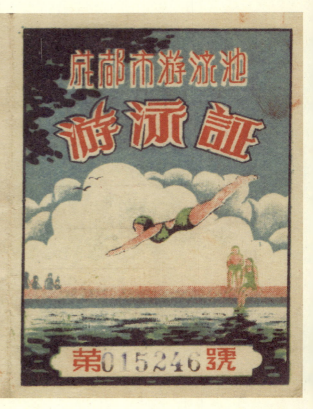

注意事项

1. 游泳者必须遵守本池一切规章，並服从工作人员之指导。
2. 凭证购票对像入池，此证不得转借或塗改，否则收回作废。
3. 如有贵重物品和包裹，请交保管室办理寄托手续。
4. 游泳前必须淋浴，否则拒绝入池。
5. 不得在池内便溺，吐痰，排鼻涕，吸烟，争吵，或带荤菜食物入池。
6. 应爱护公共财产，如其遗失损坏，照价赔偿，捡到财物请自觉交到管理室。
7. 自觉遵守时间，闻铃声立即出池，不得藉故拖延。
8. 此证只限在１９５６年度购游泳票用，不作其他使用。

成都市游泳池游泳证

　　1956年成都市游泳池游泳证，加盖了成都市人民游泳池的公章。此证编号为第015246号，由四川大学学生持有。封面运动员身着泳衣、泳帽做入水动作，水面波光粼粼，动感很强，属目前发现的比较早期的游泳证之一。（收藏/文 王大明）

"文革"时期游泳证

　　这是一张"文革"时期的游泳证，颁发于1971年8月2日，正面加盖有"国营前锋无线电仪器厂革命委员会门诊部病情证明"的体检合格章。背面有持证人姓名、单位住址、医院证明签字栏、注意事项等四栏内容，并加盖体检医院印章。（收藏/文 张新亮）

重庆市大、中学生1952年体育锻炼标准及格证

　　大中学生体育锻炼标准及格证由中华体育总会重庆市分会颁发。封面的运动员证章图案略有污损。持证者有在1954年暑假以前，参加重庆市体育运动委员会所举办的各种体育活动的权利。

　　及格证测验成绩记载表内，包含了体操、60米和100米短跑、手榴弹掷远、推铅球、垒球掷远、爬竿、引体向上、仰卧起坐、跳高等项目。此证第二页是时任重庆市委书记曹荻秋的题词："积极参加体育锻炼，增强体质，为学好科学文化知识而奋斗。"字体隽秀流畅。（收藏/文　王大明）

南京市冬季长跑成绩证明书

在由江苏省高教局、南京市体委、南京市工会联合会、南京市教育局、共青团南京市委员会共同发起的"1957年南京市迎接第二个五年计划冬季长跑锻炼"活动上，参与者杜以田已达到了二级长跑运动员的标准，因此获得了加盖"南京市体育运动委员会"印章的证明书。（收藏/文 王大明）

沈阳市人民体育场游泳健康检查证

此证在1955年使用，呈红色，系女生彭先琼参加游泳活动的凭证。

那时，游泳前的体检非常严格。所有项目检查完毕后，医生要加盖私人印鉴，决定体检者是否能够参加下水游泳，然后由医院在体检者照片上加盖体检合格证专用章。这个证件上，医生签署的意见是：可以。（收藏/文 王大明）

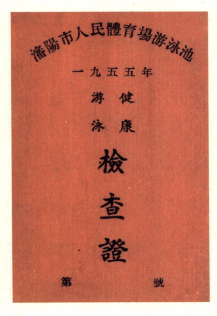

自贡普通射手证明书

　　这张业余射击运动普通射手证明书，由自贡市体育运动委员会加盖钢印，发证时间为1959年1月15日。系自贡四中15岁女学生邹玫格所有，使用枪种是小口径步枪，成绩为实弹射击31环。（收藏/文　王大明）

成都市冬季百日连续跑活动登记表

　　登记表为拉页式六折，由成都市冬季百日连续跑比赛办公室制，用于上世纪70年代中期，里页印有毛泽东"发展体育运动，增强人民体质"的题词。

　　成都市以长跑为主要内容的冬季体育锻炼活动始于1958年。（收藏/文　王大明）

南京市冬季长跑成绩证明书

在由江苏省高教局、南京市体委、南京市工会联合会、南京市教育局、共青团南京市委员会共同发起的"1957年南京市迎接第二个五年计划冬季长跑锻炼"活动上，参与者杜以田已达到了二级长跑运动员的标准，因此获得了加盖"南京市体育运动委员会"印章的证明书。（收藏/文 王大明）

沈阳市人民体育场游泳健康检查证

此证在1955年使用，呈红色，系女生彭先琼参加游泳活动的凭证。

那时，游泳前的体检非常严格。所有项目检查完毕后，医生要加盖私人印鉴，决定体检者是否能够参加下水游泳，然后由医院在体检者照片上加盖体检合格证专用章。这个证件上，医生签署的意见是：可以。（收藏/文 王大明）

自贡普通射手证明书

　　这张业余射击运动普通射手证明书，由自贡市体育运动委员会加盖钢印，发证时间为1959年1月15日。系自贡四中15岁女学生邹玫格所有，使用枪种是小口径步枪，成绩为实弹射击31环。（收藏/文　王大明）

成都市冬季百日连续跑活动登记表

　　登记表为拉页式六折，由成都市冬季百日连续跑比赛办公室制，用于上世纪70年代中期，里页印有毛泽东"发展体育运动，增强人民体质"的题词。

　　成都市以长跑为主要内容的冬季体育锻炼活动始于1958年。（收藏/文　王大明）

四川球迷专列队员证

　　这张证件为四川球迷专列队员证，编号20105，为11中队的队员秦华祥所有，证件使用时间为1995年。当年，四川球迷组织了"中国四川球迷专列"赴西安，为全兴足球队助威呐喊，开创了球迷专列为球队加油的先河。

　　当天晚上的成都火车北站，广场前人山人海，球迷们高呼着口号，挥舞着旗帜，踏上了这趟助威之旅。（收藏/文　秦华祥）

青岛国际帆船赛志愿者工作证

　　"好运北京——2006青岛国际帆船赛"于2006年8月18日至31日在美丽的滨海城市青岛奥林匹克帆船中心举行。40个国家和地区的运动员参加了全部奥帆赛的11个项目。大赛招募了志愿者600人。赛会志愿者有专业和非专业之分，非专业志愿者集中于观众服务等，专业志愿者则集中于竞赛、医疗、技术、语言服务等需要特殊工作技能的岗位。（收藏/文　王大明）

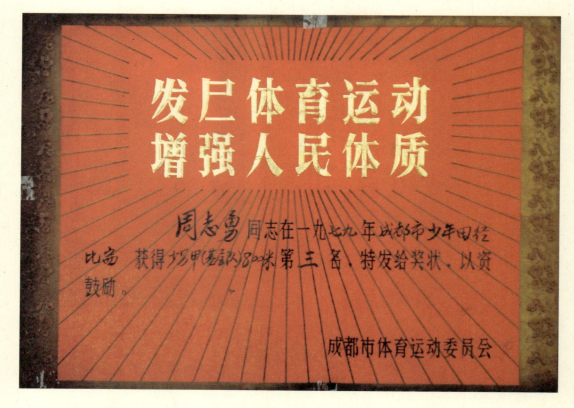

成都市少年田径比赛奖状

　　此奖状用毛主席1952年6月10日给中华全国体育总会的题词"发展体育运动，增强人民体质"作主图案，边沿是凸版制作的梅花绽放图案。奖状底色为红色，这有可能是没有加盖成都市体育运动委员会印章的缘故。奖状获得者是1979年成都市少年田径比赛少年甲（基层队）800米第三名周志勇。（收藏/文　王大明）

春节扑克活动奖状

　　这张上世纪60年代的春节扑克活动奖状，颁发日期为1961年3月4日，由四川财经学院（西南财经大学前身）工业经济系、团总支、工会、学生会联合颁发。奖状图案由五角星、红旗、麦穗、齿轮等构成，具有鲜明的时代特征。这张奖状的获得者本为冠军，却被误写成了亚军，从奖状上可明显看出涂改痕迹。那个年代人们的节约习惯由此可见。（收藏/文 张新亮）

劳卫制一级合格证明书

　　1956年，中华人民共和国体育运动委员会发出号召，为努力锻炼身体，成为优秀的祖国保卫者和社会主义建设者，建立劳动卫国体育制度。这张证明书的拥有者，当时正26岁，经过一年的单双杠、短跑、游泳练习，达到了劳卫制一级标准。（收藏/文 韩国庆）

成都市准备劳动与卫国制度预备级奖证

　　《准备劳动与卫国体育制度暂行条例》主要在各级学校及有条件的工厂推行。此证于1955年12月颁发，奖证号为第02183号，由成都市体育运动委员会制发。持证者是成都的一位普通工人，他的测验成绩为：劳卫操及格、引体向上六次（优秀）、一百米跑15秒4（及格）、手榴弹掷远33.04米（优秀）、3分钟跳绳401次（优秀）、跳高1.30米（优秀）、等级核定（及格）。测验成绩表明，该工人已达到二级运动员的水平。（收藏/文 王大明）

独臂将军贺炳炎签发的奖状

　　这张奖状是当时兼任四川省体育运动委员会主任的贺炳炎签发给杨荫群、向诗朴的，他俩参加1957年10月在成都举办的四川省乒乓球锦标赛大会，获得混合男女子组双打第三名。奖状长25厘米，宽20厘米，边沿多处缺损，红色油墨印刷，号码为竞奖字719号，于1957年10月13日加盖贺炳炎红色钤印，奖状上端加盖四川省体育运动委员会红色圆章。

　　贺炳炎上将时任成都军区司令员。他因在战争中负伤，被截去右臂，人称"独臂将军"，但他依然酷爱体育运动。（收藏/文　王大明）

1957年成都体育学院奖状

奖状编号为"零零壹肆"，内文为："学生中专五九级二班在本院举行一九五七年~五八学年度第一学期班级田径对抗赛中专组男子一六〇〇公尺拉力比赛中获得第一名，成绩三分五〇秒，特发给奖状以资鼓励。"落款为成都体育学院院长陈践明，时间为"一九五七年十一月十六日"。

奖状底影显现单杠、举重、体操、田径等运动画面。（收藏/文 王大明）

滑翔机运动会纪念章

这枚滑翔机运动会的纪念章1945年颁发，有"中国滑翔总会会长蒋中正赠"字样。

近代滑翔运动在中国出现较晚。1931年，天津市河北汽车学校隋世新和朱晨使用国产材料，制造了中国第一架滑翔机。1935年，《大公报》用"救国飞机基金"的部分捐款，购买了一架德国高级滑翔机，命名"大公报"号，1939年8月，由韦超在成都、重庆等地驾驶表演。1941年在重庆成立了中国滑翔总会，并在各地成立了滑翔分会、滑翔俱乐部、滑翔站等。（收藏/文 吴国潮）

八一运动大会奖章

西北青年救国会赠发的八一运动大会奖章背面是凹凸的"1938"年字样。在陕甘宁边区成立的"西北青年救国会"是由共产党领导的抗日团体，该奖章已有70年的历史了。（收藏/文 吴国潮）

曹弟万的珍藏

前省田径学校校长、全国运动健将、高级教练曹弟万珍藏了不少他个人获得的体育奖章、奖状。（收藏/曹弟万　文/纪廷孝）

上世纪50年代初，地处川东的垫江县垫江中学。初中三年级学生曹弟万获得了他体育生涯中第一枚证章——1953年颁发的"少年劳卫制纪念章"。

"少年劳卫制"是"少年劳动卫国制"的简称，是效法当时苏联的全民体育模式，由国务院总理周恩来亲自抓并委托全国体委主任贺龙元帅制定的标准，达到者即发此证章纪念。项目包括负重15公斤1500米跑、跳远、游泳等，是对速度、跳跃力、负重、耐力的初级要求。

1956年夏，云南昆明组织中学生夏令营，邀请了四川、贵州等西南诸省的部分学生代表参加，活动主要以体育为主，如游泳、登山等，参予者均获铜质证章纪念。

"不管风吹浪打，胜似闲庭信步"。1956年6月，63岁的毛泽东由武昌横渡长江，到达汉口。一时之间，各省市区蓬蓬勃勃地开展了"到江河湖海去游泳"的活动。四川则在重庆举办了8000人横渡长江活动。此活动年龄放得较宽，不计名次，凡渡过江者均获纪念章。

1957年，成都冬季田径运动会在市体育场举行，曹弟万取得了三级跳远第一名的好成绩。

1958年四川省第一届大学生运动会上，曹弟万获男子组110米高栏和跳高两个第一名、三级跳远亚军及1960年四川省首届田径举重运动会的几个名次。

1960年，全国春季田径分区运动会成都竞赛区，有来自云南、贵州、四川、西藏等省、自治区的代表队参赛，曹弟万在会上获得三级跳远第二名、跳高第四名的好成绩。

1962年曹弟万破成都市的
跳远纪录7.04米，同时也破了
四川省的纪录。

1965年，在上海举行的第二届
全国田径举重运动会上，曹弟万获
三级跳远第三名（15.26米）。

1963年，四川省
分区赛和全国赛上，
曹弟万先后在十项全
能、跳高、跳远等四
个项目上,达到国家
一级运动员标准。
1964年的全国田径运
动会（北京）获三级
跳远第四名。1965年
全国第二届运动会
（上海）获三级跳远
第六名。

1985年，由国家体委特别
授予曹弟万"新中国体育开拓
者"荣誉章（000080号），同
时赠予的还有一套集西服与运
动服风格于一体的高档服装。
图为曹弟万最为珍惜的奖章。

为1951年全国篮排球比赛大会的题词

郭沫若（时任中国科学院院长）题词
把身体锻炼成钢，使战斗意志坚强。
打击帝国主义者，巩固神圣的国防。

　　　　　　　　　　　1951年4月20日

马叙伦（时任教育部部长）题词
　　青年男女们为了搞好自己的身体，以便更好地为祖国的建设与国防服务，应该经常地参加体育活动。伟大的祖国的建设与国防是需要德、智、体、美全面发展的所有青年男女们来参加的。

蔡畅（时任全国妇联主席）题词
　　新中国的男女青年们！积极参加体育活动！向忽视健康的思想和行为作斗争！
　　向疾病作斗争！
　　为祖国、为人民，也为了自己幸福的将来，把你们的体格锻炼得又强壮、又健美吧！
　　（收藏/文 王大明）

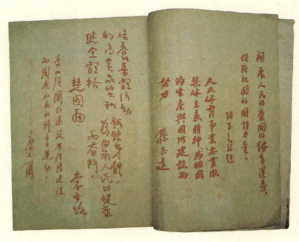

楚图南等其他领导题词。

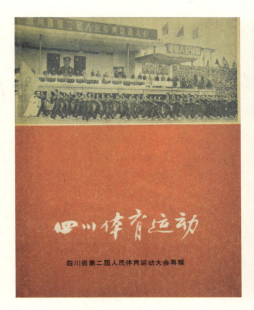

《四川体育运动》画刊

　　该画刊是四川省第二届人民体育运动大会（以下简称省二运）专辑。省二运于1958年10月2日至9日在成都人民体育场举行。参加这次大会的有各专区、自治州、省辖市及人民解放军驻成都部队等21个单位，共1612个运动员。运动会上，有64人95次打破了28项全省纪录，一人打破了全国纪录，达到等级运动员标准的有1213人，其中有5人达到运动健将级，114人达到了一级运动员的标准。（收藏/文 王大明）

西南区篮排球代表团专刊

　　该专刊于1951年10月16日由西南区体育会编。1951年全国篮排球比赛大会是新中国成立后第一次全国性的运动会，五四青年节这天在北京举行。为参加这次盛会，是年的4月7日西南区篮排球选拔比赛在重庆原青年服务部球场开幕，参加单位有重庆、成都、昆明、贵阳等四大城市。（收藏/文 王大明）

把新中国的体育运动成为经常的广泛的运动

该书1951年11月由青年出版社出版发行，对如何发展我国的体育事业提出了具体方向。该书大部分文章都曾发表在《新体育》杂志上。（本组收藏/文 胡国荣）

游泳

1956年5月由人民体育出版社出版的《游泳》，是讲解游泳基本技术和练习方法的通俗读物。

团结胜利的体育盛会

1979年10月由人民体育出版社出版发行的《团结胜利的体育盛会》一书，主要介绍了我国第三届全国体育运动会的盛况。

竞赛规则丛书

上世纪70年代出版的竞赛规则丛书，薄薄的小册子，定价5分到一两角，发行量甚为巨大，动辄印数达数十万。其中《田径竞赛规则》于1951年7月发行第1版，至1975年已经发行了第9版，第24次印刷，印量总计近140万册，足见其使用范围之广。

祖国的优秀运动员

  1959年9月由人民体育出版社出版的《祖国的优秀运动员》介绍了我国优秀运动员的先进事迹和经验，如在25届世界乒乓球锦标赛的男子单打决赛中取得世界冠军的容国团，举重运动健将黄强辉、赵庆奎，游泳运动员穆祥雄等十多位运动员的事迹。

易筋经

  1962年8月1日，人民体育出版社出版发行《易筋经》一书。

  易筋经是我国传统的健身术，采用呼吸与静止性用力来锻炼肌肉，通过舒筋活血来改善人体内脏器官健康状况。

体育刊头集

　　人民体育出版社
1976年4月出版的《体育
刊头集》，展示了我国
体育报刊、书籍、黑板
报、画报里出现的刊头
图案，以供全国各地体
育宣传工作者借鉴。

西南区第一届人民体育运动大会竞赛成绩记录册

　　该记录册原由某会计专科学校图书馆收藏，图书总登记号为第6666号，长
25.5厘米，宽18厘米，现由私人保存。经历五十余年的风风雨雨，页面已经泛
黄，其珍贵程度不言而喻。

　　西南区第一届人民体育运动大会于1952年5月4日在重庆市大田湾人民广场
揭幕，至5月15日结束。大会结束后主办单位将各项比赛全部记录编印成册，供
各地体育工作者参考。（收藏/文　王大明）

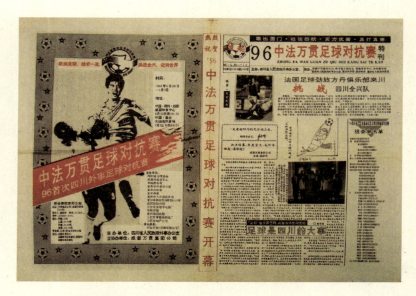

中法万贯足球对抗赛特刊

  《中法万贯足球对抗赛特刊》是为迎接中法万贯足球对抗赛而专门出版的。此次比赛主办单位为四川省人民政府外事办公室，协办单位为成都万贯集团公司、省足协、华西都市报、重庆市外办、重庆晚报等八家单位。对阵双方为四川全兴足球队和法国南比区队。出版时间为1996年6月28号。

  当时该报共印了10万份，在成渝两地免费向观众发送。（本组收藏/文 陈志强）

中法万贯足球对抗赛球票

  此票当时在成渝两地发售数万张，甲票售价30元。民营企业出资冠名承办的涉外足球赛在当时还是全国第一次。

万贯之光

　　此组有关'96中法万贯足球对抗赛的图片选自万贯集团编印的内刊《万贯之光》，出版时间为1997年11月23日。左上图为新闻发布会，左下图为万贯集团总裁陈清华走上球场为比赛开球，右图为激烈的比赛场面。

中国第一套体育彩票

　　1994年国家体育彩票发行中心正式发行的中国第一套体育彩票，名为"热气球"。此套彩票的编码为9400001，全套共九枚，彩票的规格均定为6.4×4.2厘米，彩票面值每张2元，印制数量1500万张。（收藏/文 胡国荣）

中国第一套足球彩票

　　1992年6月26日，中国足球协会发行了第一套中国足球彩票，此套彩票共4枚，创我国足球彩票发行之先河。这套彩票规格为8.5×12厘米，每张彩票面值为贰元。

　　这次足球彩票印制数量300万张，分两次开奖，购买一张彩票可获三次中奖机会，返奖率高达45%。中奖者可获得十多元的体育用品或四万元的汽车一辆等奖品。（收藏/文　胡国荣）

四川省第一套足球彩票

1992年8月18日，为筹集足球资金，印发了四川第一套足球彩票。

该彩票一套共四枚，画面十分精美。第一枚是成都体育中心足球场全景；第二枚是"'92全国足球甲级联赛"四川队身穿白球服激战江苏队的场景；第三枚是1992年四川足球队"全家福"；第四枚是四川足球队荣获全国第五届运动会第五名后出访非洲时合影。

彩票每张面值贰元，印制数量100万张，返奖率达40%，共设了31023个奖项。其中特等奖的奖品是桑塔纳轿车一辆，川足现役教练员和运动员签名的足球一个。由于当时成都足球十分火爆，广大彩民积极购买，彩票一时供不应求，有关部门不得不在成都市增加投放10万张。为防止炒卖，还规定每人限购10套。（收藏/文 胡国荣）

"四川体彩祖宗"

　　这套于上世纪80年代发行的体育彩票是四川省第一套体彩，被称为"四川体彩祖宗"。这套体彩由四川省体育基金会发行，券面呈绿色，正面写着"四川省体育基金会奖券"字样和各级别获奖的人数、奖金、奖品等，盖有四川省体育基金会奖券专用章；背面有"第一期"和"5角"字样，并印有编号。这套奖券的大奖在当时颇诱人：一等奖两名，每个奖金1万元和18英寸彩电一台，170升双门电冰箱一台。（收藏/胡国荣　文/谷沁雨）

稀少体票

　　这是由四川省广元市发行的体育场建设彩券，此类彩票现极为稀少。（收藏/文　胡国荣）

四川省第一套体育电脑彩票

1999年8月10日，四川省体彩中心发行了四川第一套体育电脑彩票。彩票的名称是"四川体育场馆"，一套四枚。电脑彩票的发行代码为9916CDZS，无面值，彩票的规格为17×8厘米。这四枚彩票上的画面分别是：四川体育馆、成都市体育中心、德阳市体育馆和乐山市体育场。（收藏/文 胡国荣）

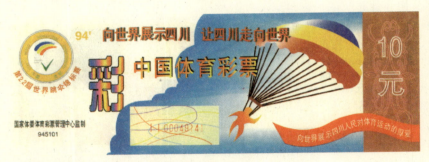

四川省第一套即开型体育彩票

第22届跳伞锦标赛于1994年5月29日至6月27日在四川省成都市举行，共有39个国家及地区参加，与会的运动员、教练员及工作人员约400余人，大会共设3个项目，这也是首次在我国举行的世界级跳伞锦标赛运动会。为使此次大会圆满成功，经国家体彩中心批准，由四川省体彩中心发行了两枚一套即开型体育跳伞彩票。彩票的面值分别为10元、5元两种，彩票的代码分别是9451001、9451002，彩票的格式为散式发行，彩票的规格为6.5×18.7厘米。

第22届跳伞锦标赛彩票，是四川省第一套即开型体育彩票，也是中国体育彩票发行以来面值最大的一套。（收藏/文 胡国荣）

收藏市场上最贵的四川体彩

四川省第三届青少年运动会1994年在乐山市召开，为解决运动会体育场馆修建所需资金，由大会筹委会和乐山市财政局在乐山发行了四川省第三届青少年运动会彩票。

该套彩票印制规格为长26厘米，宽8厘米，每张面值为贰元，大奖金额为20万元或高级轿车一辆。

全套彩票共5枚，用塑胶铜版纸印制，图案十分精美，画面分别为乐山大佛、巨型睡佛远眺、新建的乐山体育馆、艺术体操新苗和全国花样游泳冠军江洁，背面为五家赞助商的广告。由于印制精美，又是收藏难度较大的地方性彩票，故该套彩票深受广大收藏者喜爱，2002年在南京举行的第二届全国彩票大会上，每套售价在120元以上，目前价格已在每套两三百元左右。这是四川省发行的体育彩票中，收藏市场上最贵的一套。

（收藏/文 胡国荣）

中国第一座跳伞塔

　　这张画片源自中国人民对外文化协会重庆分会编辑的《重庆》，描绘的是1942年在重庆建成的中国第一座跳伞塔。同年，中国滑翔机总会北碚站成立于北碚公园路25号。滑翔机场建在嘉陵江边河滩上，跑道长560米，宽130米，靠江边的火焰山上筑有停机坪，江对岸牛角庙山垭筑有弹射台，是我国最早的滑翔机场之一。（收藏/王大明　文/谷沁雨）

老饭票：餐券

这是成都体育学院1956年和1958年印制的饭票，面值为一分、两分、五分和一角。（收藏／胡国荣）

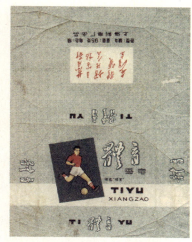

包装盒："体育"牌香皂

这枚沪产"体育"牌香皂印有毛主席的题词，题词和牌名均为毛体书法。

一般情况下使用香皂者，撕开外包装，多随手弃之，这枚外包装能保存下来而且没有损伤，确实不易。包装正面整个画面充满了动感，描绘的是足球运动员正在绿茵场上奔跑传球的场景。（收藏／文王大明）

自制球拍

这是一副手工制作的板羽球拍。上世纪70年代时兴打板羽球，据这副球拍的所有者讲述，这是她父亲用五层板精心制作的。（收藏／文 莲子）

纪念章

图为第十一届亚运会纪念章。（收藏／文 胡国荣）

《成都晚报》世界杯号外

　　2006年6月9日至7月9日，第十八届世界杯足球赛在德国举行，来自全世界的32支足球劲旅齐聚柏林展开决战，吸引了全球近30亿球迷观看。在此期间《成都晚报》特别推出了25期《我顶世界杯》号外，这组号外，对当天的比赛结果进行了预测，提供了每场比赛"最有趣"的谈资，推出了每场比赛"最八卦"的看点，综合了名家"最酷"的评论，展示了当天"最及时"的球队动态，标题的语言风格具有很强的地方特色。（本组收藏/文 李彬）

申奥成功号外

　　2001年7月13日晚10点12分，国际奥委会主席萨马兰奇在莫斯科向全世界庄严宣布：中国首都北京在申办2008年第二十九届奥运会主办权的第二轮投票中获得102张有效票中的56票，成功赢得主办权。消息传来，各大媒体迅速作出反应，《人民日报》《北京日报》《北京青年报》《羊城晚报》《济南时报》及香港《大公报》等立即印出号外，以最快的速度将这一喜讯传向四面八方。霎时间，全球华人一片欢呼，纷纷举行大规模的欢庆活动。（本组收藏/文 李彬）

申奥成功号外

　　2001年7月13日晚10点12分，国际奥委会主席萨马兰奇在莫斯科向全世界庄严宣布：中国首都北京在申办2008年第二十九届奥运会主办权的第二轮投票中获得102张有效票中的56票，成功赢得主办权。消息传来，各大媒体迅速作出反应，《人民日报》《北京日报》《北京青年报》《羊城晚报》《济南时报》及香港《大公报》等立即印出号外，以最快的速度将这一喜讯传向四面八方。霎时间，全球华人一片欢呼，纷纷举行大规模的欢庆活动。（本组收藏/文 李彬）

申奥成功不眠之夜

　　2001年7月13日夜，听到北京获得2008年奥运会主办权时，成都市民抑制不住内心的激动，含着喜悦的泪花拿着《成都商报》出的号外，走上街头庆祝。飘扬的五星红旗把天府广场装扮成红色的海洋，人们高喊着"北京申奥成功啦""中华人民共和国万岁"等口号，在五星红旗下合影留念。（收藏/文 韩国庆）

奥运会扑克

这副扑克主要介绍历届奥运会会徽和宣传画。

奥林匹克运动会最早起源于古希腊，因举办地在奥林匹亚而得名。19世纪末由法国的顾拜旦男爵创立了现代意义上的奥林匹克运动会。从这副扑克上可以看出，从1896年开始奥林匹克运动会每四年举办一次，曾因两次世界大战中断过三次，分别是1916年德国柏林第六届奥运会、1940年芬兰赫尔辛基第十二届奥运会、1944年英国伦敦第十三届奥运会。（本组收藏/文 王文嵩）

1896年希腊雅典第1届奥运会
1900年法国巴黎第2届奥运会
1904年美国圣路易斯第3届奥运会
1908年英国伦敦第4届奥运会
1912年瑞典斯德哥尔摩第5届奥运会
1920年比利时安特卫普第7届奥运会
1924年法国巴黎第8届奥运会
1928年荷兰阿姆斯特丹第9届奥运会
1932年美国洛杉矶第10届奥运会
1936年德国柏林第11届奥运会
1948年英国伦敦第14届奥运会
1952年芬兰赫尔辛基第15届奥运会
1956年澳大利亚墨尔本第16届奥运会
1960年意大利罗马第17届奥运会
1964年日本东京第18届奥运会
1968年墨西哥墨西哥城第19届奥运会
1972年德国慕尼黑第20届奥运会
1976年加拿大蒙特尔尔第21届奥运会
1980年苏联莫斯科第22届奥运会
1984年美国洛杉矶第23届奥运会
1988年韩国汉城第24届奥运会
1992年西班牙巴塞罗那第25届奥运会
1996年美国亚特兰大第26届奥运会
2000年澳大利亚悉尼第27届奥运会
2004年希腊雅典第28届奥运会
2008年中国北京第29届奥运会

盛会

　　1905年，四川省举行了第一次全省运动大会，虽然未设现代
竞技项目，但对体育运动的广泛开展起到了推动作用。民国时
期，全国举行了七届运动会，四川派代表团参加了第四届至第七
届，个别项目取得过优胜名次。那时，运动会主要在学生、军人
和少数职员中开展，因此有"学生运动会"之称。

　　新中国成立后，1952年在重庆举办了西南区第一届运动大
会，开新中国省级综合运动会的先河。1953年，四川省举行第
一次运动大会。以后多次全运会，大大小小各种运动会的举
行，推动了我国各项体育运动的发展。每一次盛会都是我们国
力蒸蒸日上的见证，每一次盛会都是中华民族傲然屹立世界民
族之林的宣示，每一次盛会都是我们激情澎湃的时刻。2008
年，我们终于迎来了全球瞩目的北京奥运会。

民国时全运会上热身准备的少女

照片上一个非常美丽的少女，上身是白色的运动衫，下着短裤，上面缀着两排漂亮的纽扣。少女正在做掷铅球前的热身准备，她一头波浪卷发，圆润的脸微微向右上方，左手前伸，右手探在耳边，手里没有铅球，却做出掷铅球状，眉目之间好像若有所思，而矫健、秀美集于一身。背景是运动会会场看台。照片上的少女名叫李元春，曾在成都华美女中读书，后来成为华西协合大学理学院家政系的学生。1948年，经过层层选拔，李元春代表四川参加了在上海江湾体育场举行的全国第七届运动会。她被选拔参加了铅球、接力赛等几项比赛。由于风采出众，成了各大媒体关注的对象。上世纪90年代，李元春曾在成都不少高校开设现代家政讲座，讲化妆、着装、礼仪等，听课者座无虚席。

下图为1948年参加全国第七届运动会的四川代表团全体运动员、教练员合影。前排正中系领带者为李元春。（本组供图/李元春 肖路加 文/雷位卫）

第七屆全國運動會四川代表隊全體體選手攝影 三十七年十月

不一样的领带

1948年，在上海江湾体育场举行了全国第七届运动会。

上图为入场式上，四川代表团入场，右二护旗手中系领带者为李元春。

右图为李元春（左一）和参加接力赛的运动员合影。她特意系了根与其他人不一样的领带，配上合体的外出服，更显得秀美出众。（本组供图/李元春 肖路加　文/雷位卫）

国庆21周年体育盛会

1970年10月5～7日，成都市举行了建国21周年体育运动会（第三届市运会），共8000多人参加了比赛和表演赛。图为运动会团体操表演。由数千人组成的"毛主席万岁""1949—1970"大型字块和红色五星闪射光芒的图案蔚为壮观。体育场内座无虚席，体育场外远处是"万岁展览馆"（现四川科技馆）的背景，记录了当年成都重大体育活动的一个场面。（供图/文 张新亮）

庆祝中华人民共和国成立二十一周年成都市体育运动会 团体操表演

川东区第一届人民体育大会

　　川东区第一届人民体育运动大会的主席台设置在重庆市北碚人民解放台，图为川东区区级机关代表队运动员通过主席台接受检阅的情景。（本组供图/文 王大明）

川东綦江工矿区工人运动代表队高举队旗进入运动场。

又一个运动员方队精神抖擞地走过主席台。

川东区第一届人民体育运动大会，主席台上摆满了社会各界赠送的礼品和锦旗，主办方领导在讲话。

川东区第一届人民体育运动大会上，江津专区队与川东军区队入场，一场激烈的篮球比赛即将开始。

西南区第一届人民体育运动大会

　　1952年5月4日至15日，西南区第一届人民体育运动大会在重庆大田湾体育场举行。邓小平为大会题词——"把体育运动普及到广大群众中去"。参加大会的有川东、川西、川南、川北、云南、贵州、西康、西南军区、西南铁路局、西南一级机关、重庆市等11个代表团，运动员共1184人。比赛项目有男女篮球、排球、田径、体操、自卫竞赛（手榴弹和负重赛跑），表演项目有团体操、垒球、拔河和男子足球。西南军区获团体总分第一名。图为成都田径代表队撞线的一刹那。（本组供图/杨永琼　文/雷位卫）

　　西南区第一届人民体育运动大会上，西昌专区彝族少年李敬参加跳高，获得第二名。后方左侧为成绩记录牌。

　　图中的7号为西昌专区彝族小选手，他参加了800米赛跑，以2分44秒8的成绩获得第四名。

西康省运动员与贵州运动员合影。西康省建制于1955年10月1日撤销。

西南区第一届人民体育运动大会上，来自三个地区的运动员代表合影。

此组照片为西南区第一届人民体育运动大会开幕式上进行的大型团体操表演。

重庆体育场

　　重庆体育场1951年开建，1956年5月竣工，场内建有标准足球场，场外建有篮球馆、排球馆和游泳馆等。修建于1942年的我国第一座跳伞塔，即位于重庆体育馆西侧。

　　本组图片源自中国人民对外文化协会重庆分会编辑的《重庆》画册。

　　上图为刚动工修建的重庆体育场，一旁的跳伞塔清晰可见。

　　下图为已竣工的重庆体育场全貌。（本组供图/王大明　文/大江）

四川省第二届运动会

　　1954年，成都在市中心皇城"煤山"的原址上修建了设施齐全、占地9万多平方米的成都市人民体育场，包括足球场、体育馆、看台、跑道等设施。

　　1958年，四川省第二届人民体育运动大会在成都市人民体育场隆重举行，观众达50万人次。开幕式上，着白色礼服的军乐队高奏《运动员进行曲》。仪仗队里，身穿运动员服的女青年手执红旗，在欢快的乐曲声中，英姿飒爽地通过主席台。各地市州的运动员方队迈着整齐的步伐，高呼着"发展体育运动，增强人民体质"，精神抖擞，意气风发，经过主席台接受检阅。四周看台上上万名各界群众掌声四起，向体育健儿们致以敬意。

　　左图为在男子110米跨栏比赛现场，成都田径代表队的体育健儿跨栏的瞬间。右边两张图片为运动会上的马术表演。（本组供图/高志和 杨永琼 文/高志和）

1958年在成都市人民体育场举办的四川省第二届人民体育运动大会上，摩托车运动员正在作精彩的四人表演。

1958年四川省第二届人民体育运动大会上的摩托车表演。

1958年在成都举行的四川省第二届人民体育运动大会开幕式上，运动员入场。

四川省第二届人民体育运动大会上的万人团体操表演，摆出了8只和平鸽和"向世界水平跃进"等字样。团体操摆出的字样还有"毛主席万岁""东风压倒西风""全民体育 全民武装"等。

无线电收发报竞赛

"嘀嘀哒，嘀嘀哒，嘀嘀嘀哒……"报房里，参赛选手头戴耳机，全神贯注地操纵着无线电收发报机，熟练地用右手手指敲按着发报键。比赛现场气氛凝重、紧张有序，没有大声喧哗，连裁判和工作人员走路都是轻轻的。

上世纪50年代，国家体委就将无线电收发报活动列入体育竞赛项目。成都是全国城市青少年无线电收发报活动开展得较好的地区之一。当时各个学校都有活动小组，市区业余体校也设有无线电收发报训练班。

"巾帼不让须眉"，在中学生开展无线电收发报活动中，女生成绩往往比男生好，成都姑娘董德慧便是其中的佼佼者。1958年11月，成都市国防体育运动会召开，在无线电收发报比赛中，董德慧经过几番角逐，最终勇摘桂冠。

左图为成都姑娘董德慧（前排右一），在1958年的成都市国防体育运动会无线电收发报比赛中。

右图为1958年省运会上，成都代表队在无线电收发报比赛中获得团体冠军。

（供图/文 高志和）

航模高手

　　1958年寒假的一天，北郊凤凰山机场北风凛冽，天低云暗，跑道上却人声鼎沸，气氛热烈。四川省航空航模运动会成都赛区自由飞比赛正在这里进行。

　　那个时候，青少年爱好航空航模运动，是跟自己的人生目标紧密相连的。许多当年从成都考入北京航空学院航空系、西北工业大学飞机制造系的学子，在中学时代都是玩航空航模的高手。

　　图为1958年省航模运动会成都赛区自由飞第一名获得者叶乃洲在竞赛中。叶乃洲曾代表四川省在全运会上获得航模自由飞第八名的成绩。（供图／文 高志和）

四川省第一届游泳比赛大会

图为1957年举行的四川省第一届游泳大赛上，跳水运动员在空中的优美身姿。长期以来，四川为国家输送了不少优秀的跳水苗子，代表人物为"跳水女皇"高敏。（本组供图/杨永琼 文/大江）

九城市排球对抗赛

1957年四川九城市排球对抗赛上重庆队在比赛中。图上的白色划痕为当时报纸编辑的裁剪示意线。（本组供图/文　杨永琼）

1957年四川九城市排球对抗赛，重庆市队员合影。

六城市足球对抗赛

　　1964年，国家体委发出了关于《大力开展足球运动，迅速提高技术水平的决定》，并确定多个足球重点城市和地区。同年，在重庆举行了四川省六城市足球对抗赛，足球运动逐渐热起来。（本组供图/杨永琼　文/谷沁雨）

1976年四川省青少年武术比赛

1975年，为参加第三届全运会，四川省临时组建了省武术集训队，由省体校代训。全运会后，集训队员成为省体校武术班的第一批学生。图为1976年四川省青少年武术比赛中女队员的精彩表演。（供图/杨永琼　文/谷沁雨）

武术队深入厂矿农村表演

　　上世纪七八十年代，武术运动员时常要深入到工矿、农村、机关、部队表演，为推广武术运动进行宣传。从左图的烟囱和灯光球场等看得出来，武术队正在工厂表演。右图的民房和场地，具有农村特点，横幅标语上的字样为"热烈欢迎一九七六年四川省武术比赛来我公社表演"。（供图/杨永琼　文/大江）

伍

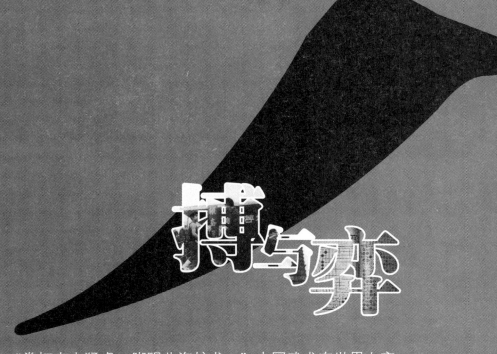

博与弈

　　"拳打南山猛虎，脚踢北海蛟龙。"中国武术在世界上享有很高的声誉。作为冷兵器时代的重要技能，在经过岁月的洗礼后，武术主要成为国民锻练身体的活动。那些行云流水的拳法，排山倒海的内功，刀光剑影的器械，行侠仗义的故事，经过武侠小说、电影、电视的描写和渲染，更让人无限向往。当年《少林寺》《霍元甲》带来的武术热潮，到今天还令很多人难以忘怀。经过努力，国际奥委会已经正式批准武术为2008年北京奥运会非正式比赛项目，这是中华民族的骄傲。

　　棋牌在中国有着悠久的历史，很多项目我国选手在国际上都占有重要位置。围棋、中国象棋、桥牌等，更是扎根于民间，扬名于海外。一次对局就是一场激烈的战斗和拼搏。没有剧烈的运动量，没有震耳欲聋的助威声，这种拼搏却绝不输给其他的运动形式。博与弈，一动一静，一阳一阴，诠释了道法自然的真谛。

武林高手聚会

这张照片摄于上世纪70年代四川武术界人士的一次聚会。

照片中有成都体育学院武术系的教授，如中国武协主席郑怀贤教授、四川省武协副主席、成都市武协副主席王树田副教授；有著名的猴王肖应鹏等；有成都市一医院老中医陈大章医师；有大极大师成龙骧、大极高手林墨根，以及李复元、曾必鑫等成都武术界人士。（供图/李复元　文/谷沁雨）

郑怀贤古稀之年"飞叉"

中国国术队在第十一届奥运会上表演时，30多岁的郑怀贤表演钢叉，只见叉影闪烁，仿佛银蛇盘绕，流水激荡……柏林市长曾吃惊地说："钢叉在您身上飞转，我猜想钢叉上一定有秘密，是否藏有电池？"市长先生上台仔细检查钢叉后，翘起大拇指说道："了不起，中国竟然有如此奇迹般的民间体育。"

第十一届奥运会后，郑怀贤应聘到成都中央军校任国术教官。新中国成立后任成都体院教授、中国武术协会主席。

上图为郑怀贤古稀之年，还为群众表演"飞叉"绝技，摘自《四川省体育志》（1998年）。下图为20世纪40年代在成都中央军校任职期间的郑怀贤。图由郑怀贤家属提供。（文/郑光路）

八卦散手刀

　　王树田，直隶（今河北省）新城县人，朱国福"八大弟子"之一。1923年王树田5岁时离家，随父亲王玉山赴上海谋生，在上海先施公司游乐场"学武会"从师于表兄朱国福先生学习形意拳、摔跤、搏击术。

　　1935年王树田参加在湖南长沙举行的华南数省国术比赛，在擂台上力克群雄，荣获搏击比赛第一名，摔跤第二名，被武林界誉为湖南"小黑虎"。1939年进入四川受聘于成都空军机械学校任国术教官。

　　新中国成立后，担任四川省立"成都体育专科学校"（成都体育学院前身）武术教师兼教研组主任。

　　王树田精于形意拳、八卦掌、太极拳、八极拳、查拳、通臂、劈挂、翻子、擒拿、摔跤、劈刺等多种拳术，其传承明朗，技艺精湛，功夫纯正，被成都体院授予"一代宗师"横匾。

　　上图为王树田八卦散手刀之"背刀提膝亮掌"式。（供图/文　翁邦森）

形意拳"打"动金庸

翁邦森,四川省成都市人,自幼习武,幼年初习少林拳,后投帖拜师于中国著名武术家、成都体育学院武术系教授王树田门下,系统学习形意拳、八卦掌、太极拳等。为中国形意拳河北派(四川)第十代传人,中国八卦掌(四川)第五代传人。

2004年9月26日著名武侠小说家金庸来到四川。翁邦森应邀参加欢迎仪式,并展示形意拳、八卦掌。金庸称赞说:"四川武术很神奇。文化底蕴如此丰厚,我得在我今后的小说里重新为四川武术正名……"(本组供图/文 翁邦森)

金庸向翁邦森(左)赠书并签名留念。

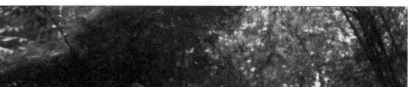

年过半百的翁邦森正在演习形意拳"白猿过山"式。

青龙转身

鹞子钻天

白蛇伏草

行云流水八卦掌

郭玉琪（1908年～1977年）山西祁县人，幼年拜乔景堂先生为师学习形意拳、八卦掌。郭玉琪抗战时期入川后在四川收获众多弟子，新中国成立后以骨科医治为主，并传授八卦掌、形意拳，医德、武德均受后人称赞。

图为郭玉琪上世纪60年代在成都市草堂寺练习孙派八卦掌的场景。

八卦掌的名字来源于周易的卦理，八卦周而复始，看似安静至极，实际内里暗藏玄机。郭玉琪的弟子李复元说，这组照片上其师郭玉琪的掌法静止安然，但真要"打起来"的话，四五个壮汉都近不了身。

八卦掌最突出的特点是独特的步法，其体系大体可分为"八桩""八式""八掌"。它虽以趟泥步摆扣步为基础，但又区别于一般的步法，以快取胜，快而不浮，轻灵沉稳，刚柔相济。（本组供图/李复元　文/谷沁雨）

麒麟转身

白蛇缠身

黑熊挥掌

青龙返首

狮子张嘴

松中求静寻自在

此照摄于上世纪90年代成都，武术名家刘震南在自家后院习武，此时他已八十多岁了。刘震南功夫全面，是起源于宋代的武术三元门（赵门）的代表人物之一。"默言无音胜有音，眼前有人当无人。松中求静寻自在，意中遇敌在实战。上下左右来回转，追迫彼方脚勿停。缥缥缈缈顺其势，整劲出击连贯强。"三元门的风格从刘震南的招式中可见一斑。（供图/李玉松　文/谷沁雨）

习武旧照

郑光路自幼习武，曾在巴山蜀水遍交名师武友，挖掘民间体育史料。著有武术史专著《中国武术气功探秘》，广受学术界好评。郑光路曾被大型专业辞书《中华武术名家·名校通鉴》《走向奥运的中国武术》等收录。

左图为郑光路早年习武照"脚踢蓝天"，右图为"金刚指"。（供图/文　郑光路）

首届蓉城武术擂台赛

新中国成立后，1950年2月，青羊宫举行了最后一次打擂赛，此后很长时间没举行过打擂。

1986年3月15日，成都市在提督街文化宫举行"首届蓉城武术擂台赛"。对于这次打擂，景书堂、李孟常、刘震南三位曾在建国前打擂中获金章的武术名家说："这是西洋拳加腿，不是中国式打擂。国术传统味道应当保留。"

这张照片上，刘震南（左一）、李孟常（左二）、景书堂（左四）及车辐（左三）等坐在"顾问席"上。车辐先生是四川著名文化人、记者，建国前曾多次采访成都国术界。（供图/文 郑光路）

县城武术队

四川一个小县城的武术队员，正在广场的草坪上习武。这支武术队，曾在四川省武术比赛上获取多枚金牌。坐在草坪上正指点他们的教练，曾是全省猴拳比赛的亚军。（供图/何建军　文/大江）

《少林寺》带来的武术热

1982年，电影《少林寺》上映的盛况可谓万人空巷。大街小巷都回荡着《少林寺》的主题曲："少林，少林，有多少英雄好汉都来把你敬仰；少林，少林，有多少神奇故事都来把你传扬。"有的青少年，竟将这部电影反复看了七遍之多。

《少林寺》的主要演员多是各省武术队的顶尖高手，主角李连杰连续5年夺得全国武术全能冠军，这项记录，至今无人能破。他们精湛的功夫，令观众大为折服，李连杰更是成为家喻户晓的明星、无数青年心中的偶像。

《少林寺》上映之后，很快全国就掀起了武术热，随处可见少年和青年习武的身影。他们或拜师学艺，或照着拳谱自行模仿。所涉及的拳类也很多，诸如太极拳、八卦掌、螳螂拳、形意拳、南拳……甚至有少年离家出走，要到少林寺去学功夫。（本组供图/何建军　文/大江）

热爱武术的少年在树上练习猴拳。

练剑。

搏击练习。

传承武术薪火

出身于武术世家的刘光德先生是峨眉黄林派武术嫡传继承人。他的祖父是峨眉黄林派武术的杰出人物，曾在青羊宫武术擂台赛（打金章）夺冠。

刘先生为传承武术薪火，培养了大量子弟，图为刘先生的徒众在杜甫草堂一空坝上进行武术表演后的合影。（供图/文 殷明辉）

古本《百变象棋谱》

《百变象棋谱》在明代嘉靖元年（公元1522年）问世，距现在已有480余年了，清朝康熙及乾隆年间，都曾先后翻印，翻印本除序文有所修改外，其余都和明本一样。

这本棋谱共有简短残局七十局，分为胜、和两集，计胜局8局，和局62局。记谱不指明行格位置而仅用文字说明，如：车进将，马河界，象走边等。

书的扉页中间直书"百变象棋谱"五字，上面横刻"翻刻必究"四字，右上角有"新增异样形势，秘传神妙着法"十二字，左下角则有"举手便知"四字（这些显然系书商为招徕生意所加）。书系小型木刻本，除序文两页外，棋式共有三十五页，计七十图。书的背脊刻印有"家藏棋谱"四字。（供图/彭雄 文/谷沁雨）

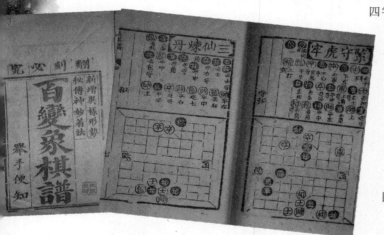

《南洋象棋专集》

民国年间棋谱，作者谢侠逊，由上海中华书局印制发行。民国时期，上海曾翻印出版中国象棋图书19种，其中有古谱《橘中秘》《梅花谱》《象棋谱大全》等。（供图/文 彭雄）

《桃花泉弈谱》

《桃花泉弈谱》为乾隆乙酉年（1765年）刻本，是我国清代著名围棋国手范西屏先生著。

范西屏，名世勋，浙江海宁人，生于清康熙四十八年（1709年），有"棋圣"之称。这部《桃花泉弈谱》亦是我国古代影响最大、流传最广的棋谱，分上下两卷。上卷起为"九五镇"，止于"九四压"；下卷起于"五六飞攻"，止于"扭十字"。这套古棋谱上下两册并非原套，为书贾所配，上卷自断为乾隆刻本，纸张古黄；下卷为道光刻本。

"桃花泉"是高司农官署中的一口水井名，棋谱用水井命名，很少见，大概只有麟庆的《雪鸿因缘图记》中有记载吧。

现在我们所能看到的《桃花泉弈谱》旧本，大约有二铭草堂刊本、弈潜斋刻本、千顷堂石印本、文瑞楼印本及1981年成都棋苑点校本等数种。（供图/文彭雄）

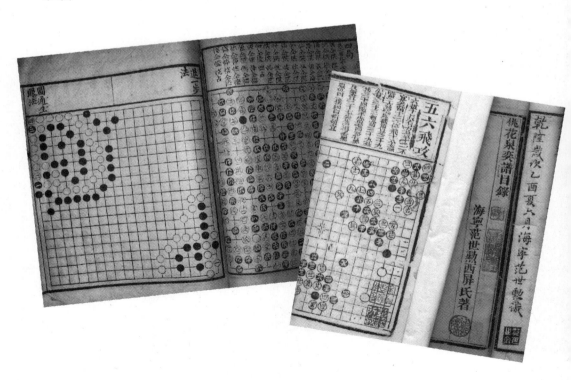

给宋雪林和小林觉当裁判

　　1979年9月，中日围棋对抗赛在成都锦江宾馆9楼举行。本图的提供者王华那时是一名一级裁判（右起第五人），他在此次比赛中和杨克坚、董孝璞联袂出任中国棋手宋雪林九段对日本棋手小林觉九段一战的裁判。日本棋士皆彬彬有礼，终局后必谢裁判，开赛前一般会赠送一些小礼品，王华就曾得到依田纪基赠送的精美钥匙扣一个。

　　这场比赛结束后，日本《朝日新闻》一记者发现记录表上"宋雪林"写为"宋ョ林"，便用流利的中文问裁判王华，"ョ"是什么意思。王华写在纸条上，告诉他："ョ"就是"雪"的不规范写法。日本记者恍然大悟，并鞠躬道谢。
（供图/王华　文/洪渭兵）

棋城围棋热

上世纪70年代，成都围棋界棋风很盛，爱好者数以万计。位于提督街的成都棋园每月都要搞一次围棋升降赛，分为甲乙丙组。既没有奖金又不授予段位（连裁判员、记分员也是义务帮忙），但出于对围棋的热爱，参赛者却人数众多。

那时，成都下棋的地方除了成都棋园，还有城北体育中心、西城区棋园、川剧二团、文化公园以及星罗棋布于各街道的茶铺。上世纪七八十年代，成都业余棋手整体水平很高。曾有人说，如果要搞城市围棋对抗赛，双方各出一百人，放眼世界，恐怕只有上海方可与成都争一时之雄长；若各出两百人对抗，那成都就是当之无愧的世界冠军了。

此照片摄于上世纪80年代初，两个酷爱围棋的少年正在家中厮杀。（供图/何建军　文/王华）

业余段位证明

这是一张二十三年前的业余段位证明，由蜀蓉棋院正式行文发给农业部成都药械厂的王华。段位证书不发给本人而发给单位，带有很强的计划经济时代特征。这薄薄的一张纸，微微泛黄，破损处还贴有不干胶。不过对拥有者来说却是弥足珍贵，因为这是当年他与吴战影、杨静、高又彤等棋手代表成都队参加四川省第四届运动会围棋比赛，荣获团体银牌的见证。（供图/王华　文/王笑）

桥牌风靡

桥牌，扑克游戏的最高境界。它起源于17世纪英格兰民间，历经惠斯特牌戏、惠斯脱桥牌、竞叫桥牌、定约桥牌四个发展阶段。现定约桥牌为体育运动的比赛项目。

1979年起我国桥牌比赛恢复后，成为风靡一时的智力运动。"智力运动"概念的出现，是对体育内容的延伸和补充，是对体育内涵的充实和丰富。目前国际桥联正在争取让桥牌进入奥运会的表演项目。（供图/王华　文/张旭）

火爆的桥牌双人赛

上世纪80年代成都的桥牌氛围很好，各种比赛层出不穷。成都市青少年宫每周四的"双人赛"在肖冠中的精心组织下，云集了数百人，A、B、C各级小组高手众多。每逢周四，该图的提供者王华都要参加双人赛。

双人赛上，王华和吕京、万小红、苏秀琳、帅丽蓉、林静、刘薇等人搭档，多次夺得各级冠、亚、季军，并因此积累了八十多个大师分。（供图/文苏乔珊）

名人

　　如果说体育项目的健与美带给我们巨大震撼的话，那么一个个体育明星发出的熠熠星光更让我们着迷。从民国年间开始，随着中国体育运动的逐渐广泛开展，涌现了代表中国人首次参加奥运会的刘长春等体育名将。新中国成立后，体育事业蓬勃发展，体育明星更是层出不穷，如容国团、庄则栋、郎平、张蓉芳、朱玲、许海峰、李宁、邓亚萍、高敏、王军霞以及如今的刘翔、姚明等等。

　　在书中，我们将看到上世纪五六十年代四川篮坛的巨人石挪威在球场外的伟岸身影，看到国际象棋大师刘适兰以及她母亲为她自制的棋子，看到庄则栋到学校教学生打球，看到聂卫平一人独战150人的壮观场景……时光流逝，很多体育名人并未进入这本书中，但他们矫健的身姿、为国争光的场面，却时时活跃在每一个中国人的脑海里。

篮坛巨人石挪威

  说起石挪威的知名度，上世纪五六十年代的四川无人不知。石挪威是藏族同胞，其名是省体委几个领导给他取的。大家知道挪威人身材高大，来自四川石渠县的他，身高体壮，干脆就叫石挪威吧！从此，石挪威的名字不胫而走，在成都家喻户晓。

  石挪威为四川省男子篮球队著名运动员，身高2.25米的他在进行训练和比赛时，只要在篮球架下，谁也别想抢到篮板球。

  图为石挪威正在参加篮球比赛。（本组供图/文 王大明）

石挪威趣事

因为石挪威突出的身高，无论走到那里，身后总有一大群背书包的娃娃尾随着他，就像现在追星一样。有人夸张地说，石挪威走在大街上，行动缓慢，人还没有到，只要看见那映照在地上慢吞吞移动的高长影子，就知道石挪威逛街来了。

石挪威开始家住体育场，后搬家到体育运动技术学院。那时没有天然气，几乎每家都备有柴捆，他一人顶两人，上百斤重的柴捆轻轻一拿就能提进屋。搬家时三开门衣柜，他双手一抱就能放在车上。

那时在运动学院的运动场上，观看篮球比赛或训练时，一般人都坐在长条板凳上，而石挪威习惯席地而坐，坐在地上的他比坐在板凳上的人还高。需要外出的石挪威，一钻进接他的汽车，汽车的弹簧钢板和轮子顿时就矮了一截。逛街走累了的石挪威，一般都坐在街沿边，不结实的板凳根本承受不住他的重量。

石挪威穿着的衣服、裤子、球鞋等都是特别制作的，他生病住院住在川医外科病房，病床都是从省运动技术学院搬去的特制床。

图为石挪威与甘孜州女子篮球队运动员在一起。

西安　　一九六五年十月

1965年石挪威与四川男篮队员、教练在西安比赛后合影。

石挪威在位于成都一环路南三段的四川省运动技术学院大门口留影。

石挪威合影照。

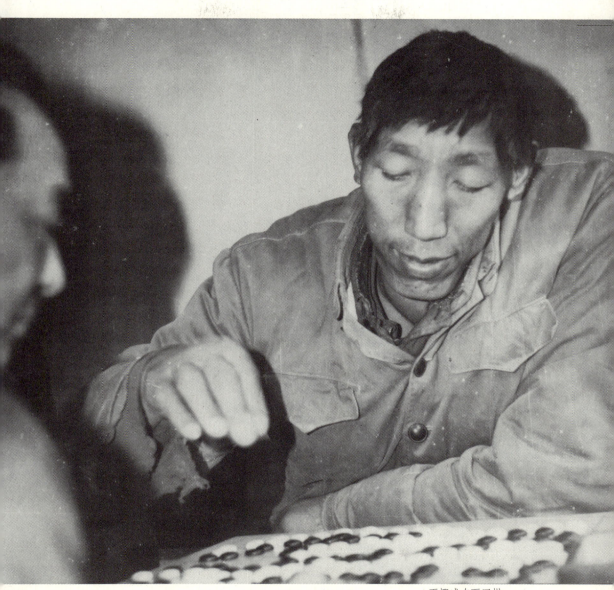

石挪威在下围棋。

传奇国手庄则栋

庄则栋在上世纪60年代几乎无人不知，堪称当时的风云人物。

庄则栋，世界乒坛上一个传奇式的人物，他曾经三次蝉联世界冠军、全国冠军，这个纪录至今无人打破。他是"乒乓外交"的关键人物，为"小球转动地球"做出了卓越的贡献。

图为1973年庄则栋在成都劳动路小学辅导少年儿童打乒乓球。（供图/杨永琼　文/悯忠）

女排队长张蓉芳

家中排行老四的张蓉芳，1957年出生于成都一个普通的工人家庭，13岁时步入排球运动，1972年调入四川省排球队，其间多次参加国内赛事，1976年正式调入国家女排。中国女排创造了世界杯、世界锦标赛、奥运会三连冠辉煌战绩，张蓉芳身为队长和主力队员，在运动场上奋力拼杀，用汗水、泪水铸就了光荣与梦想。

图为1981年吕齐采访载誉归来的女排姑娘张蓉芳，此照由著名体育记者刘先修所摄。吕齐是四川省新闻界资深的新闻人，他讲述了采访张蓉芳时的片断。问她："日本人说你是怪球手，你的手咋个怪法，能给我看看吗？"张蓉芳笑了，一边说"哪里怪嘛"，一边把手伸出来。吕齐发现她的手十分粗糙，像木匠用的砂纸一样。张蓉芳就是凭借这双粗糙的手，和队友一起书写了中国女排的辉煌。（供图/吕齐　文/王大明）

国际象棋特级大师刘适兰

上世纪80年代，这位外表清秀、性格温顺，却有着果敢棋风的姑娘刘适兰，是由成都走向国际的第一位特级大师。1973年刘适兰入成都业余棋校国际象棋班学习，1978年入四川省棋队，1979年至1983年多次参加国内外重大国际象棋比赛。1981年刘适兰以14盘全胜的纪录夺得亚洲分区第一名，荣获国际特级大师称号，成为中国第一位女子国际象棋特级大师。图为上世纪70年代，刘适兰正在成都参加比赛。（供图 实物收藏/吕齐 文/王大明）

刘适兰的启蒙棋子

这枚国际象棋棋子可以说是刘适兰的启蒙棋子了。后由刘适兰赠送给记者吕齐收藏，当时送了3枚，目前仅存一枚。

刘适兰手稿

刘适兰撰写的体育手稿由吕齐收藏，手稿里面记录了她有关体育的感想以及学棋生涯的点点滴滴，如《家中拜师》《严厉的教练》《早起晚睡刻苦训练》以及《学生时代最崇拜的人——吴传玉》等。

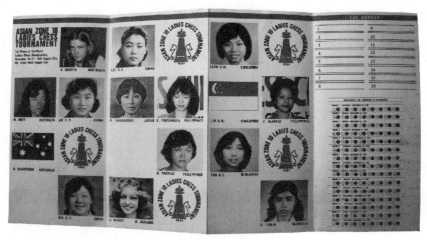

宣传单

图为1981年菲律宾举行的世界女子国际象棋分区赛（亚洲区）宣传单，在此次比赛中刘适兰夺魁。

首位女子围棋全国冠军——孔祥明

　　孔祥明出生在成都一个围棋之家，父亲孔凡章是一位围棋教练，也是孔祥明围棋运动生涯的启蒙老师。

　　在父亲的影响下，孔祥明从小对围棋产生了浓厚兴趣，7岁起开始学棋。1973年后她进入国家围棋集训队，很快成了一名优秀的棋手，陆陆续续参加国内外重大围棋赛事，多次蝉联冠军。图为1979年6月4日，我国第一个女子围棋全国冠军孔祥明八段在研究棋谱。（供图/吕齐　文/王大明）

棋圣累了

　　2000年2月22日，中国围棋大师聂卫平在四川雅安碧峰峡参加与150名对手的车轮大战，经过12小时15分钟的奋战，聂卫平136胜11负3和，取得了92.5%的胜率。聂卫平挑战世界吉尼斯纪录成功后，现场的记者蜂拥而至，将聂卫平团团围住，当时已奋战了12个小时的聂棋圣已精疲力尽，干脆闭目不答。（供图/文　陈志强）

聂卫平大战150人

　　图为2000年2月22下午2点26分围棋棋圣聂卫平正在和150人中的第87位群众选手对弈。由于车轮战非常消耗体力，图中的聂卫平坐在轮椅上，正用香烟来提神。（供图/文　陈志强）

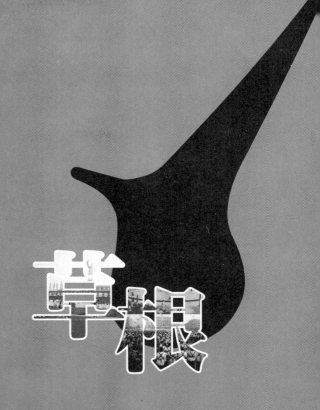

草根

他是30年前上千名火炬接力活动中的一员，他是50年前的夏天在戏水池中骑木马嬉戏的小孩，他是工余时跳过并排自行车的农民工，他是骑自行车环游中国的农民，他是足球场上呐喊助威的拉拉队员……

体育运动，并不总是和奖牌挂钩。"参与比取胜更重要"，顾拜旦在1908年第4届奥运会时引用的这句话，正说明唯有参与，才能让体育回归体育；唯有参与，才会发现惊喜唾手可得。从这种意义上来说，我国新时期的体育运动，正是一场全民参与的"奥运会"。

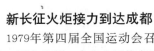

新长征火炬接力到达成都

　　1979年第四届全国运动会召开前夕，由共青团中央、国家体委、中华全国体育总会共同举办了"新长征火炬接力"活动，火炬沿长征路线传递，目的在于对人民群众特别是广大青少年进行革命传统教育，激励他们向"四个现代化"进军。7月1日，点火仪式在上海市中共"一大"会议会址举行，王震副总理点燃火炬并参加起跑。接力跑的路线大体沿着中国工农红军一、二、四方面军长征走过的路线及老一辈无产阶级革命家活动过的地方，途经浙江、江西、湖北、河南、山西、四川、北京等16个省、自治区、直辖市的130多个城镇。其中著名的革命纪念地有上海、嘉兴、南昌、瑞金、井冈山、韶山、洪湖、红安、平江、仪陇、遵义、延安、西柏坡等。（本组供图/杨永琼　文/恺忠）

迎接火炬仪式

　　1979年新长征火炬接力在成都人民南路广场（现天府广场）举行交接仪式。青年代表们精神抖擞高举火炬，在护卫队的护卫下迈着坚实的步伐昂首跑过广场，成都各界群众代表神情庄严地迎接着火炬的到来。

新起点

　　本次火炬接力盛况空前，青年们的激情感染了很多在场的群众。人们看到火炬，心里感到充满了希望。体育，照亮了人们的心。

水中的木马

　　此图摄于1957年的成都猛追湾游泳池儿童戏水池，小女孩在"清凉乐园"里幸福地笑着。她身后那朵蘑菇造型喷水柱，至今还珍藏在不少老成都人的童年记忆里。（本组供图/杨永琼　文/惘忠）

冲凉

　　孩子们喜欢的是
水池正中的洒水柱。
清凉的水冲洒在孩子
们身上，惹来咯咯的
笑声一片。

暑期乐园

    猛追湾游泳池是新中国成立后建设的游泳场所。工人叔叔阿姨们早早就准备好了摇摇木马、小帆船、塑料玩具和游泳圈，好让孩子们度过一个快乐的暑期。（本组供图/杨永琼　文/悯忠）

成都跳伞塔

　　成都跳伞塔始建于1965年，塔高60米，塔底有半径50米的圆形沙坑和20米草坪，塔顶四支钢壁伸向四方，附属设施有浪桥、虎伏、旋梯等。

　　每当运动员跳伞时，天幕中的伞像朵朵蘑菇，煞是好看。那个年代，跳伞运动员说跳伞时在高空俯瞰成都，大多数平房都掩映在绿色植物中，好似一片天然的原始森林，唯一的高楼是锦江边的锦江宾馆。

　　上世纪80年代初，在一次定向爆破中，跳伞塔整体轰然倒下，原址上崛起了一座现代化多功能的大型体育馆——四川省体育馆。（供图／文　王大明）

农民工跳单车

　　1999年6月的一天，在成都老南门大桥旁人行道上，一群青年农民工正在等待雇主时，正巧成都老年骑游队从旁边走过。其中一位农民工说："人家老年人都在骑游锻炼身体，我们看谁能跳过单车。"提议得到一致赞同，他们开始时放一辆单车，后来逐渐增加到两三辆车并在一起，农民工们一跃而过，留下了精彩的瞬间。（供图/文 韩国庆）

农民骑单车环游中国第一人

王大康1935年出生于四川乐山牟子镇武皇村二组，1950年参军，退伍后回到乐山老家。随着农村生活水平日益提高，王大康萌生出一个新想法：骑自行车环游全国。

1981年2月15日，王大康踏上了骑游全国的漫漫征途，他骑车经过了30个省、市、自治区，走遍了56个民族地区，参观了工厂、学校和老一辈革命家的故乡，慰问了老山前线官兵，还登上了珠穆朗玛峰6500米处。王大康用3年时间，走遍了全国，行程6万余里。1984年8月15日，他完成骑游，带回的是一部破旧的永久牌自行车，一口袋旅行日记，万余张摄影底片和照片。（供图/文 韩国庆）

世界大力士冠军赛

　　2005年9月27日，世界大力士冠军赛在成都举行，这也是该赛事第一次在中国举办。娱乐体育赛事世界大力士冠军赛1977年起源于美国，是集体育运动、精彩娱乐与旅游信息传播为一体的新型赛事。比赛项目有搬运、拖动、举原木、拉货车、抱大石、农夫走、扛冰箱、举抱大鼎等。

　　图为第三组出场的波兰选手麦瑞斯在扛冰箱。两个特制的双门冰箱被固定在钢柱两端，选手要扛着415公斤重的大冰箱前行20米，用时最少者获胜。只见老麦像挑扁担一样挑起冰箱，步履稳健地完成了比赛，以15秒29的成绩夺冠。（供图/文　吴国潮）

力士举鼎

由于比赛在中国举行，因此大力士赛加入了力士举鼎这个富有中国特色的项目，寓意"霸王举鼎"称雄天下。选手要在90秒钟内抱起一个170公斤重的青铜大鼎，尽可能走出最远的距离。

比赛中，选手大都能走70米左右，最后登场的麦瑞斯轻松抱鼎，以令人咋舌的速度前行了90米，夺得这个项目的桂冠。（供图/文 吴国潮）

公园里的打靶场

过去，成都的公园内都有一个青少年特别喜爱的打靶练习场。一个木架上放着数十个用小木块做成的敌人头像，一旦击中，头像就会向后倒下。几米远处，有一长条桌，上面摆了几只气枪，有一人专门负责上子弹。子弹是一颗1厘米长的铁钉，尾部还扎有彩色棉线。当年的年轻人一进公园，都爱比试一下谁的射击本领高。（供图/文 秦华祥）

游泳池边垂钓忙

上世纪80年代，民间钓鱼活动不断升温。生活悠闲的成都人十分喜爱钓鱼，甚至在游泳池中也曾举办过有200余人参加的"看谁钓得多""看谁钓得大"钓鱼比赛。图为1982年秋，成都钓鱼迷在猛追湾游泳池河边钓鱼。随着城市道路的改造进程，这处钓鱼池在上世纪90年代末期填平为现在的猛追湾街。（供图/文 陈志强）

"雄起！"

上世纪90年代的成都是一座狂热的足球城市。有四川全兴队的比赛时，看台上总是座无虚席。球迷在看台上表现各异，有脸上涂彩的、有敲锣打鼓的、有摇旗呐喊的、有吹得胜号的、有收集体激情呐喊"雄起"的呐喊声……最引人注目、最具感染力的首推"雄起"的呐喊声。在1995年著名的甲A联赛"成都保卫战"中，球迷集体激情呐喊"雄起"声浪响彻云霄，排山倒海，随着四川全兴与青岛海牛比赛的进程，"雄起"之声一浪高过一浪，就像冲锋号一样，激励着川足队员奋勇拼杀。这场比赛，川足力挽狂澜，为胜利保级创造了条件。（供图/文 张新亮）

后记

　　一个编辑的时间体系，总是以某部作品的问世为坐标的。2008年是奥运年，因此为这个全体华人翘首以盼的盛会做一本书的冲动，让我们在年初就迅速启动了《图说百年体育》资料收集和编辑工作。

　　2008年5月12日14时28分，大地剧烈地摇晃起来，办公室的屋顶发出吱嘎声：汶川大地震发生了。时间刹那之间被凝固，让人很久仍不忍回忆起那惨烈而悲壮的日日夜夜。

　　编辑工作没有停顿，那段时间的夜里，办公室住满了躲地震的家人，办公室外则满是帐篷。而北京奥运会的开幕时间，也一天一天地逼近了。"抗震救灾"和"迎接奥运"，就成为了这本书编辑过程中最重要的两个主题词。在竹简文化老成都民俗文化研究中心顾问等提供的近2000幅体育老照片中，我们反复挑选，椎心剜肉般地舍掉了其中的很大部分，剩下了近400张具有代表性的老照片和实物照片。在试过按地域、按运动类别等几种方式进行编辑的思路之后，我们决定，以时间为主线，沿着"觉醒——火红——勃兴"这条线索，来展现中国体育的百年历程，展现吾国吾民坚韧的意志和通达的人生姿态。

　　随着抗震救灾的有序推进，北京奥运也鼓声渐闻。这本书在震后的出版自然具有更加特殊的意义。它也当之无愧地成为5·12大地震之后，中国出版的第一本奥运图书。在这块遭受劫难的土地上，这本书所彰显的中华民族魂和体育精神，将成为灾区重建家园的强大动力。

《图说百年体育》涉及的老照片和实物照片的来源渠道，一是家传的珍贵留影，二是收藏者的长期珍藏，但因老照片的特殊性，且不少照片年代久远，要一一找到原创者已非常困难，个别原创者无法考证和联系。因此，希望图片的相关权利人在见到此书后能与我们联系，以奉稿酬。

感谢四川省体育局对本书出版给予的大力支持，尤其令人感动的是朱玲局长在百忙中亲自为本书作序；感谢成都市委宣传部文化交流处宋敏雯处长在出版过程中对本书的关注和支持；感谢成都中联国兴书画院、成都棠湖屋业发展有限公司、成都万博置业有限公司对本书出版的支持；感谢竹简文化老成都民俗文化研究中心全体顾问长期以来付出的辛勤劳动；感谢在地震期间坚守岗位的诸位同仁；感谢为本书出版提供支持的其他单位和个人……另外还要特别感谢这些图片的拍摄者和收藏者，没有拍摄者当年对那一生动瞬间的捕捉，没有收藏者多年来不计回报的收集和保存，便不会有这本书的顺利出版。

本书可能还存在着这样那样的疏漏和不足，请读者批评指正。

征稿启事

成都竹简文化策划有限公司汇聚策划、传媒、出版等领域专业人士，涉及民俗文化、地产文化研究，书刊编辑出版，会展等行业，形成了书刊策划开发、专业设计制作、高效营销推广产业链，其他方面同样取得不俗业绩，受到业界的肯定和市场认同。竹简文化旗下老成都民俗文化研究中心，是一家专业致力于民俗文化研究的民间机构，旨在积聚民间力量，充分搜集、整理、研究、开发、弘扬中华民俗文化，目前已有众多民俗文化研究、收藏界、文艺界、地产界等专家学者加盟，共同为成都乃至全国非物质文化遗产保护和城市发展尽绵薄之力。

为进一步做好民俗文化研究的各项工作，使资源、研究成果更好地与市场接轨，特面向全国征集老照片及老照片背后的故事。一经采用，稿酬从优。

稿件要求

所提供照片需是20年以前拍摄的老照片，画面清晰，无版权争议；文字要求一图一文，言简意赅，交代照片历史故事，富有生活情趣。

来稿方式

电子邮箱：bambook@hotmail.com

挂号邮寄：成都市芳邻路5号百花潭公园·慧园

邮　　编：610072

电　　话：028—8704 4078

成都竹简文化策划有限公司

老成都民俗文化研究中心

《走近老成都》

《东方伊甸园之旅·成都辐射走天府》丛书（七册）

　　成阿高原梦幻游——漫步天地间

　　成甘雪域酣畅游——沐浴康藏风

　　成攀彝海浪漫游——奔向女儿国

　　成乐水路逍遥游——放舟三百里

　　成宜丘陵潇洒游——纵情长江畔

　　成南征程缅怀游——寻梦大巴山

　　成广驿栈幽雅游——走马古蜀道

《成都别墅列传》

《成都老房子·太平巷里》

《成都房展宝典·三十而立》

《成都演义》丛书（六册）

　　天梯演义

　　蜀王演义

　　大石演义

　　水演义

　　道演义

　　蜀女演义

《巴蜀老照片系列·图说老成都》

《成都——休闲之都》

《成都老字号》书系

《竹简老照片系列·图说百年体育》

《竹简老照片系列·图说知青岁月》

竹简作品

图书在版编目（CIP）数据

图说百年体育／黎光成主编．－成都：成都时代出版社，
2008.7
  ISBN 978－7－80705－692－8

  Ⅰ.图···　Ⅱ.黎···　Ⅲ.体育运动史－中国－现代－图解
Ⅳ.G812.97－64

中国版本图书馆CIP数据核字（2008）第108741号

竹简老照片系列

图说百年体育
TUSHUO BAINIAN TIYU

黎光成　主编

出 品 人　秦　明
责任编辑　蒋雪梅
责任校对　李　航
装帧设计　董春丽
责任印制　莫晓涛

出版发行　成都传媒集团·成都时代出版社
电　　话　(028)86619530（编辑部）
　　　　　(028)86615250（发行部）
网　　址　www.chengdusd.com
印　　刷　四川五洲彩印有限责任公司
规　　格　170mm×230mm　1／16
印　　张　17
字　　数　200千
版　　次　2008年7月第1版
印　　次　2008年7月第1次印刷
印　　数　1－28000册
书　　号　ISBN 978－7－80705－692－8
定　　价　32.00元